本书获国家社会科学基金重大项目"中华武术通史研究与编纂"（20&ZD338）、上海市海外高层次人才项目（TP2022101）、教育部新文科研究与改革实践项目（2021010011）资助

武藏（二）

温州南拳

郭玉成 总主编

林小美 本册主编

人民体育出版社

图书在版编目（CIP）数据

温州南拳 / 林小美本册主编. -- 北京：人民体育出版社，2025

（武藏 / 郭玉成总主编；2）

ISBN 978-7-5009-6321-9

Ⅰ.①温… Ⅱ.①林… Ⅲ.①南拳—介绍—温州 Ⅳ.①G852.13

中国国家版本馆CIP数据核字(2023)第106922号

*

人 民 体 育 出 版 社 出 版 发 行
北京盛通印刷股份有限公司印刷
新 华 书 店 经 销

*

787×1092　16开本　12.125印张　234千字
2025年7月第1版　2025年7月第1次印刷
印数：1—3,000册

*

ISBN 978-7-5009-6321-9
定价：68.00元

社址：北京市东城区体育馆路8号（天坛公园东门）
电话：67151482（发行部）　　邮编：100061
传真：67151483　　　　　　　邮购：67118491
网址：https://books.sports.cn/

（购买本社图书，如遇有缺损页可与邮购部联系）

总编委会

总主编：郭玉成

编　委：（按姓氏笔画排序）

丁丽萍　丁保玉　马　剑　马敏卿　王海鸥
王继强　权黎明　吉灿忠　刘尧峰　阳家鹏
孙　刚　杜长宏　杜舒书　杨　青　杨建营
杨慧馨　李　威　李守培　李建文　李朝旭
张　峰　张长念　张茂林　张忠杰　张宗豪
陆松廷　陈　青　陈振勇　林小美　范燕美
孟　涛　赵景磊　袁金宝　郭玉成　高楚兰
席饼嗣　龚茂富　康德强　阎　彬　梁　芳
韩丽云　温　兵　滕希望

本册编辑：李　响　李忠瑞　杜佳妮　冯孟辉
　　　　　刘韬光　汪晓丽
本册秘书：李　响
本册办公室：李守培　刘先萍　汪晓丽

总主编单位

上海体育大学
武术学院
中国体育历史研究院
中国体育非物质文化遗产研究院
教育部全国普通高校中华优秀传统文化传承基地（武术）

编委会

顾　问：张洪国　　潘挺宇　　金文平
主　编：林小美
副主编：赵显品

编　委：赵寒冶　　王　地　　吴雪霜
　　　　吴　蔓　　徐　曼　　余沁芸
　　　　陈国安　　高　莹

"武藏"总序

中华文明，源远流长。从"文"的视野，5000多年文明史孕育发展了以儒、释、道为代表的思想文化精粹，汇集儒家典籍文献的《儒藏》，汇聚佛教、道教经典及其注疏的《佛藏》《道藏》，成为守望中华文化、赓续中华文脉、传承中华文明的重大标志性文库。从"武"的视域，武术作为中华文明的一种标识性、独特性、系统性知识体系，体现了中国人"以武入道"对于人伦、物理、心性的深入探察，凝聚着中华民族数千年传延的集体智慧，同样亟待形成一套集大成文库，以助力中华文明在与世界文明的交流、交融、交锋中，更好地展现独特文明基础、根本思想基质、特色文化基因。

2019年7月27日，上海体育学院（2023年更名为上海体育大学）武术学院正式启动"武藏"编纂工程，旨在通过这套权威性、系统性、传世性的大型武术丛书，对中华武术进行系统梳理与全面总结。编纂工作本着"辨章学术、考镜源流"的理念，以20世纪80年代全国武术挖掘整理工作初步查明的"源流有序、拳理明晰、风格独特、自成体系"的129个拳种为重点，主要按照"一拳一册"方式分期推进。首先，以"史文结合、技理兼备、图说并举"为思路，确立一套结构统一、逻辑清晰、科学合理的编纂体例，主要涵盖各拳种的渊源脉络、技理技法、武谚歌诀、经典套路、攻防解析等内容，要求不同拳种的整理在内容上各彰其彩、在纲目上趋于一致。其次，以"知历史、明理论、精技术、擅研究"为标准，结合各拳种古今主要传承地域，汇聚相关资深专家、知名学者、青年才俊、非遗传承人共研共编，加大资源普查、加强信息采集、加深研究阐释，融学术性、专业性、通识性为一体，力求翔实、准确、客观反映各拳种历史、文化、技术全貌。最后，以"精采慎择、精思谨述、精审严校"为原则，贯穿史料搜筛、分析论证、文句表述、审编排校等环节，形成体现和代表国家最高水平的武术类"藏"书成果，以关照历史、服务当代、惠泽未来。

当前，世界百年未有之大变局加速演进，面对前所未有的世界之变、时代之变、历史之变，中华各民族间的交往、交流、交融，世界各文明间的互通、互鉴、互惠，已成为构筑中华民族共有精神家园、构建人类命运共同体的重要路径。由此，立足中国、放眼世界，"武藏"对于中华各民族历经沧桑、共同创造的灿烂武术文化，展开系统整理和专业阐释，是在建设一个融民族性与世界性、时代性与历史性、理论性与实践性为一体的中华武术文献库藏，不仅有助于强化中华民族赖以生存和发展的精神世界，使各民族人心归聚、精神相依，铸牢中华民族共同体意识，还有益于以武术为载体，向世界传播中华文明的行为方式、思维模式、价值倾向，进而为维护世界文明多样性，构建"以文明交流超越文明隔阂、以文明互鉴超越文明冲突、以文明共存超越文明优越"的世界文明新格局贡献中国智慧。

郭玉成

2022年9月29日

目 录

第一章 温州南拳概述……………………………………（1）

第一节 温州南拳的历史源流……………………………（1）

第二节 温州南拳的传承谱系……………………………（12）

第三节 温州南拳的发展现状……………………………（12）

第二章 温州南拳拳理……………………………………（13）

第一节 温州南拳的拳理与要求…………………………（13）

第二节 温州南拳功法特点………………………………（13）

第三节 温州南拳技术风格与特色………………………（25）

第三章 温州南拳歌诀……………………………………（28）

第一节 拳术总论…………………………………………（28）

第二节 温州南拳谚语及典故……………………………（29）

第三节 温州南拳诗词歌赋及含义………………………（39）

第四章 温州南拳功法……………………………………（48）

第五章　温州南拳拳术套路 ……………………………………（49）

第一节　温州南拳一路 ……………………………………（49）
第二节　温州南拳二路 ……………………………………（65）
第三节　温州南拳三路 ……………………………………（80）

第六章　温州南拳器械套路 …………………………………（102）

第一节　短棒 ………………………………………………（102）
第二节　长棒 ………………………………………………（119）
第三节　板凳花 ……………………………………………（127）

第七章　温州南拳对练套路 …………………………………（142）

第一节　徒手对练套路 ……………………………………（142）
第二节　器械对练套路 ……………………………………（152）

第八章　温州南拳拆招与实战 ………………………………（159）

第一节　踢法 ………………………………………………（159）
第二节　打法 ………………………………………………（164）
第三节　摔法 ………………………………………………（172）
第四节　拿法 ………………………………………………（178）

参考文献 ………………………………………………………（184）

第一章 温州南拳概述

第一节 温州南拳的历史源流

  幅员辽阔的中华大地,其气候环境之悬殊,地形地貌之迥异,生活环境之多样,皆举世罕见,加之先辈们的勤劳智慧及数千年的历史沧桑变化与积淀,孕育出了内涵丰富、博大精深、多姿多彩的中华文化。正是立足于这样得天独厚的条件,通过历代武术先贤们的匠心独运,造就了流派众多、风格各异,地域特色突出的中华武术文化。温州地区地处中国东部沿海、浙江南隅,温州在夏商周时系瓯国,战国时为东越地,属越,故又称瓯越。瓯越丘陵地貌,三面环山,一面临海,瓯江、楠溪江、鳌江、飞云江贯穿,域内河网交织,星罗棋布,虽交通极为不便,开发相对较晚,但得益于这样特殊的地理环境,在特定的历史发展过程中逐渐形成了具有该地区突出代表性的武术拳种——温州南拳。作为浙南地区的主要武术拳种,温州南拳发源于民间,扎根于民间,千百年来盛传不衰,深受温州地区广大民众的喜爱且多点开花。在温州平阳,便流传着"男壮皆练武,村村有拳坛"的谚语;在温州苍南,"李家洋的女儿会划船,李家洋的老鼠会打拳"的说法也被人们所津津乐道;而在温州永嘉瓯渠,也流传着"瓯渠雄鸡也有三路柴"的谚语,其中"柴"就是"棍棒"的意思。因此,温州地区自古的习武风气可见一斑。

  温州南拳是形成、发展于温州地区的优秀武术文化,是中国武术文化的重要组成部分,流派众多,源远流长。经初步考证,温州武术发端于战国,发展于唐宋,兴盛于明清,温州南拳在此过程中经过历史的洗礼逐渐发展起来。早在原始社会及奴隶社会时期,温州先民因为生存的需要,在与大自然不断地搏斗和抗争中,逐渐掌握和积累了一定的格斗技巧。经过漫长的发展历程和不断地积累,这些格斗技术促成了温州武术的萌芽。历经春秋战国时期战火的不断洗礼,温州地区也多少受其影响,面临着社会变革和时代的发展进步,温州武术也在这一历史阶段日渐形成。相传东瓯王驺摇是越王勾践的第七世孙,武艺高强,秦末东瓯王带领瓯越健儿随刘邦入关讨秦,再助汉灭楚,瓯越人能武善战遂为天下人所知。至汉惠帝三年(公元前192年)五月,汉统治者以"举高帝时越功,曰闽君摇功多,其民便附。乃立摇为东海王,都东瓯,世俗号为东瓯王"[1]。东瓯国从建立到解体,虽然仅有55年的时间,但它却是该地区历史上出现的第一个行政建制,奠定了该地区文化、经济快速发展的基础,也为温州武术的形成与发展打开了局面。经过两汉时期的平稳发展,进入到战乱、朝代更迭频繁的三国、魏晋南北朝时期,面临战乱及匪患海盗,依托于军事武术,温州先民学习、积累了许多基本的武术技术,温州武术日渐发展起来。

隋唐时期,沿袭和发展了西魏、北周府兵制,该制度最重要的特点是兵农合一,这种军事组织制度无疑与温州地区的现实情况相契合。温州地处浙南之滨,一面临海,三面环山,以丘陵地貌为主,相对偏远、闭塞,人口较少,同时该地区海盗经常出没,匪患严重、兵力匮乏,因此,府兵制的实施不仅保障了该地区的生产发展,而且推动了武术在该地区军队和民间的传播、发展。唐初统治者继续推行府兵制,尽管天宝八年(749年)府兵制遭到了严重破坏,改行募兵制,但温州地区地处偏远,匪患严重且兵源匮乏,所以,温州先民们始终秉承习武自卫的传统,自觉演练防御技巧,保卫家园。如唐天宝元年(742年),朝廷在大罗山东麓设立全国十监之一永嘉监,从事盐业管理[2]。据《新唐书·食货志》记载,唐时全国共有四场十监,并设立盐监,管理所在地盐场[3]。永嘉监作为其中之一,依山傍海,海盗、山贼猖獗,温州先民们在煮卤晒盐劳作间隙,经常习练技击技巧,防身御敌,保护财产。特别是唐朝武则天在科举制基础上开创了武举制,为习武之人以武入仕开辟了一条通道,因此,习武热潮在一定区域内盛行起来。同时,也对温州地区人们习武的热情产生了积极的影响。

温州自古人杰地灵,其中也诞生了很多武科进士。《温州市志》成书记载:"自唐宣宗大中十三年至清末废科举,即公元859年至1905年近1050年里,温州地区共出武科进士439人,其中鼎甲29人。"其中,宋朝是温州武术发展的辉煌时期,很多武科进士相继涌现,仅南宋150年间,便产生武进士305人。据《温州市志》记载,温州在南宋时期武术科举人才辈出,整个温州地区共产生武状元15名。在此时期,北方武术并未显示出优势,而地处偏僻、交通不便的温州地区的武举子们却大放异彩。据《梦粱录》记载,"若论护国寺南高峰露台争交,须择诸道州郡膂力高强、天下无对者,方可夺其赏"。南宋临安城的南高峰比赛是南宋时期最高级别的比赛,宋理宗景定年间,温州人韩福夺得冠军,不仅获得赏赐,而且获封

---

[1] 司马迁.史记[M].西安:三秦出版社,2007:398.
[2] 黄秀清.龙湾武术[M].北京:中国文联出版社,2011.
[3] 张虎林.海陵:大唐第一盐场[N].泰州日报,2015-01-12.

"补军佐之职"。由此可见，南宋时期，温州武术名家已有相当高的社会影响力。究其原因，首先得益于温州地区自古以来的尚武传统，折射出南宋时期温州南拳所呈现出的强大生命力。其次，公元1127年，宋王朝迁都至临安后，大量北方人尤其是贵族、文人随之南下，其中相当一部分人也迁入现温州境内，不仅带来了北方先进的工艺和文化，而且极大地充实了当地的劳动力，繁荣了当地政治、经济、文化，与此同时，北方优秀的武术技艺和文化也随之流入温州地区，从而加速了温州本地武术与外来拳种的融合，有效地促进了其迅速发展壮大，加之地缘优势，众多温州健儿从武举考试中脱颖而出，温州武术由此进入难得一遇的机遇期。这一历史时期是温州武术快速成长的绝佳时期，既有移民携技，又有外出求经等，习武之风日盛，这些在促进温州武术快速发展的同时，也为地区突出代表性的温州南拳风格特点的日渐形成，体系的日益完备，文化内涵的丰富、加深，奠定了坚实的基础。

元朝民族矛盾尖锐，建立天下后元统治者分天下人为蒙古人、色目人、汉人和南人（指原属南宋地域范围内的汉族及其他各族人民，温州被划归其中），武术在民间受到压制。为加强统治，元朝统治者多次颁布禁武令，禁止百姓拥有任何杀伤性武器，违者轻判入狱，重者杀身灭族。在全国范围内禁武的时代背景下，温州武术也遭受了前所未有的压制，习武组织变成秘密的民间组织。但温州地区因地处偏远、地形复杂，以及抵抗元朝统治的起义此起彼伏，武术在该地区的发展得以很好保持和延续，并未受到严重的阻碍。此外，温州南戏中也含有不少武戏成分，"武术的演练技巧也在与武戏的相互渗透之中增加了夸张渲染、离形得似的艺术成分"[1]。正是处于民族高压统治之下，以及融入民间文体生活中，为武术在民间的发展壮大开辟了新渠道。

明朝是武术发展的集大成时期，温州南拳在这一历史发展时期充分抓住发展机遇，汲取军事武术及民间各流派武术之营养，逐渐自成体系，发展成熟。明朝嘉靖年间何良臣《阵纪》与万历年间温州学者姜准《岐海琐谈》两书中就有关于此拳种的记载。明朝时期江浙沿海倭患、匪患严重，温州地区地处临海，山高路远，极易成为倭患、匪患的重灾区。特别到了嘉靖年间，倭寇更加猖獗，烧杀抢掠，惨绝人寰，严重危害了地区社会稳定和经济发展。鉴于此，统治者意识到了倭患的严重性，随即先后选派军事将领前往倭患地区组织抗倭。他们带来了讲究实用性的军事武术，并将在抗倭过程中积累的经验和当地武术相融合，极大地提高了抗倭的力度，与此同时，先进的军事作战思想也得以和武术技击思想相融合，极大地推动了

---

[1] 郭志禹.中国武术史简编[M].北京：人民体育出版社，2007：15.

温州武术的繁荣。其中，涌现出了一批抗倭名将和民族英雄，如戚继光、王天锡、俞大猷等都曾参加或指挥过温州地区的抗倭战事行动。其中，抗倭名将戚继光，结合自身作战、抗倭的经验，创编的三十二势长拳又称南兵拳，就是结合当地武术，吸收各家之长，"故择其拳之善者三十二势"创编而成的，其突出硬打硬进，又表现出柔、化劲，刚走直，柔走弧形，并伴有哼哈之发劲。[1] 相传，戚继光还将拳法绘制成图，写出口诀，发给士兵学习，后来士兵退役后将该拳法在温州、台州地区传播，至今温州南拳还保留着该拳法的若干特点。

明代无论套路技术还是对抗性攻防格斗技术，都趋于成型和完善，并明显形成了体系，温州南拳也从中汲取了众多营养。除此之外，明代洪武间立军卫法，寓兵于农，并"定南北更调之制，南人官北，北人官南"，凡来温州任职之文武官吏均带有武艺高强之亲信兵勇，护院武师，有的还到家乡招募勇士来温参加防倭抗倭，繁荣了温州武坛，有效地促进了各拳法流派的交流与融合，也对温州南拳拳法体系的形成产生了重要影响。如张三丰的再传弟子陈州同就是这一历史时期温州武坛的突出代表，黄宗羲在《王征南墓志铭》中写道："三丰为武当丹士，徽宗召之……三丰之术，百年以后流传于陕西，而王宗为最著。温州陈州同从王宗授之，以此教其乡人，由是流传于温州。"明万历年间，温州学者姜准所著《岐海琐谈》记载："永嘉手搏之法，传自李克明，别号文皋，原籍临海，或云乐清产也。其法正栅具有七路，世所称李师拳是矣。"

清朝"以弧矢定天下"，清王朝统治者和历代一样，一方面加强军队训练，另一方面严禁民间习武。《东华录》便记述了雍正五年（1727年）的"上谕"，其中规定"着各省督抚转饬地方官将拳棒一事严予禁止，如仍有自号教师及投师学习者即行拿究"。[2] 清统治者限制武术发展的政策在清初起到了一定的效果，然而随着资本主义生产关系的萌芽，阶级矛盾激化，社会各阶层抗争不断。从乾隆末年农民起义便此起彼伏，特别是到鸦片战争后民族矛盾、阶级矛盾进一步激化，温州乐清便爆发了虹军起义，平阳爆发了金钱会起义，引领了浙南的农民起义。这一时期，温州地区的武术也由军事武术转移到民间，特别是起义过程中，民间出现了大量"拳坛"等民众自发组成的民间习武组织，并有"男壮皆练武，村村有拳坛""瓯渠雄鸡也有三路柴（即棍棒）"的说法。最为突出的要数瑞安、平阳直接以"拳"字命名的神拳社，会众众多，白天生产，晚上练拳。一方面，温州南拳在之前发展的基础上，日渐成熟，名师辈出，流派众多，拳法兵器日益丰富，地区特色

---

[1] 习云太. 中国武术史 [M]. 北京：人民体育出版社，1985：153–154.

[2] 习云太. 中国武术史 [M]. 北京：人民体育出版社，1985：173.

越发突出，越来越被当地人们所认可；另一方面，温州地区在这一历史阶段产生了众多武举人和武进士，习武之风的盛行也推动了于温州南拳的进一步发展。

民国时期，面对内忧外患，习武之风蓬勃一时，一度低沉的武术逐步活跃起来。当时，各界知名人士也倡导"强国强种"，中华武术逐渐引起人们的重视。1926年改称武术为"国术"，随后，各地"国术馆"纷纷建立，省以下各级馆长均由省、市、县等地区首脑担任，还聘请民间武术名家传拳授艺。1929年，浙江省国术馆成立后，温州永嘉县国术馆、平阳国术馆、瑞安国术馆也相继成立。全国习武之风的掀起，各地国术馆的纷纷建立，以及比赛交流活动的开展，有效地促进了各地、各流派武术的交流、传播。1929年，浙江国术游艺大会在杭州举行，盛况空前，观众达十余万人。温州蒋馨山、吴恩侯、谢宗祥三位拳师与国内外知名武术大家杨澄浦、孙禄堂等共同担任大会评判委员。来自全国20多个省的100多名选手参加了比赛，其中温州籍8人，温州林定邦以南拳名列第二十五位。此外，参加表演的有180人，温州籍4人，温州瑞安人谢宗祥表演的六步拳获大会一致好评，并被确认为失传的明代古老拳种。与此同时，温州地区还出现了众多民间拳社，如幼山柔术社、武当太极拳社、温州太极拳研究社、永嘉太极拳同学会、瓯海太极拳研究社等。温州南拳在广泛交流过程中，不断地吸收、借鉴、融合、创新，并逐步积淀，最终发展成熟。

中华人民共和国成立后，顺应时代背景和国家发展政策，温州南拳大体历经了起步阶段（1949—1955年）、平稳发展阶段（1956—1966年）、滞缓发展阶段（1966—1976年）、挽救发掘阶段（1977—2007年）和繁荣发展阶段（2008年至今）五个发展阶段。

起步阶段：1952年9月，浙江省首届民族形式体育大会隆重召开，声势浩大，参与人数众多，其中，温州地区也派出多名南拳选手参加，金瑞云的五龟拳、项金生的板凳花、郑家书的鹭鸶拳、朱仁元的五枝拳、陈大秀的角挑拳等参加了表演，迎来中华人民共和国成立后温州南拳的首演。1953年，温州瑞安人陈文征选任浙江省首届武术协会主席，同年温州国术研究会成立。

平稳发展阶段：1956年，浙江省举办传统武术比赛，温州地区南拳选手金林龙、吴益东等表现突出，获得大会奖励，吴益东后赴华东各省、北京等地区传授温州南拳。1959年、1964年温州市国术研究会先后换届，与此同时，温州南拳也得到了很好的挖掘、整理和研究。此外，1964年8月，原温州武术协会还在中山公园、华盖山、海坛山等地设立武术传授站，由专人负责，定点练习，温州南拳便是教授的主要内容，如今这些地点依旧是温州南拳的主要传授点。

滞缓发展阶段：十年"文革"期间，温州南拳和其他武术一样，也遭到了打击和破坏。特别是在极左思潮的影响下，武术不准谈"技击""劲力"，严重偏离武术的本质，温州南拳在这一时期很多实用的技法渐渐失传，多是单人或小范围套路练习。

抢救发掘阶段："文化大革命"结束之后，国家体委为挽救武术，及时发出了《关于发掘整理武术遗产的通知》文件，要求"各地体委一定要对武术的继承、发掘、研究、整理工作予以足够重视，有号召，有要求，有措施，作出成果[1]"。随后，各种武术组织恢复工作，全国、地区性的比赛活动也如火如荼地开展起来，由此推动温州南拳的进一步发展。1986年3月，全国武术挖掘整理成果展在北京故宫展出，其中，温州南拳在展会上被成功列为全国129个优秀拳种之一，极大地推动了温州南拳的发展进程。随后，2002年，平阳县被国家体育总局武术运动管理中心列入"全国武术之乡"名录。2003年，温州市武术协会南拳分会成立，其他各层级的南拳分会也相继成立，为温州南拳发展、传承奠定了良好的组织基础。在此期间，由金文平主编的《温州武术》、杨立平主编的《刚柔拳法》等相关著作的出版也构建起了温州南拳的理论基础。

繁荣发展阶段：2008年，为响应奥运会在我国的举办，中央电视台《走遍中国》与《探索发现》栏目组专程派人到温州，拍摄《温州南拳》专题片，并在北京奥运会前夕向全国播出。同年，温州南拳被成功列入温州市第二批非物质文化遗产名录，同时由龙湾南拳分会会长胡松青发起，温州南拳首次在龙湾区大范围进入校园，拉开了温州南拳进校园的序幕。2009年是温州南拳发展历程中硕果累累的一年，这一年首届温州南拳精英赛暨武术功力大赛成功举办，温州南拳首次成为温州市全民运动会正式比赛项目，温州南拳成功入选第三批浙江省非物质文化遗产等。鉴于温州南拳挖掘、整理、传承的良好势头，2010年，温州市温州南拳研究会成立，上海体育学院（现上海体育大学）教授蔡龙云先生应邀而至，并题词祝贺，"温州南拳，气刚力壮"。良好的开局，使得温州南拳驶进繁荣发展的快车道。现如今，温州南拳挖掘、整理、传承、研究等工作稳步推进，各级协会组织如雨后春笋般相继成立，各类比赛、活动多点开花有序进行，武术进校园已成常态，得到社会大众的普遍认可，温州南拳迎来了其传承、发展的良好时期。

总之，孕育于吴越文化中的温州南拳，不断通过多种方式，发展融合，渐成体系，使原来的文化体系经过不断地调整和适应，最终纳入温州南拳体系之下。因此，相对于其他武术拳种，温州南拳在其传承、发展过程中又表现出别具一格的方式，这些方式最终融汇于温州地区特有的文化生态环境，造就了特点鲜明、风

---

[1] 习云太.中国武术史[M].北京：人民体育出版社，1985：195.

格独特、拳种繁多的温州南拳。综合温州南拳不同历史时期的传承与发展，可归结为温州源发、军事强武、少林传艺、移民携技、科举兴武、经商捎武、拳坛授武七个方面。

一、温州源发

早在原始社会及奴隶社会时期，温州先民在与大自然搏斗过程中，便逐渐形成、积累了一定的技击技术，为温州南拳的开创奠定基础。农闲时，先民们聚在一起，以简单的扳手、角力、搭马等进行嬉戏娱乐，又逐渐引入劳作中的动作以及动物的搏击动作进行对练和角力，形成了武术动作的基本雏形。春秋战国时期，奴隶制逐渐瓦解，封建制度逐步确立，这一时期诸子蜂起、百家争鸣，文化的繁荣初步影响到了武术。面临着社会变革，温州武术特色也在这一历史阶段日渐形成。这些早期基本格斗技术虽不成体系，但是在原生态的吴越文化中形成和发展起来的，符合温州地区人文地理环境及吴越文化特征，并为后来温州南拳的融合发展在一定程度上树立了风向标。蔚为壮观的温州南拳体系中，五虎拳法和五龟拳便是其中的突出代表。其中，《浙江省武术拳械录》便有关于五龟拳的阐述，明嘉靖年间，温州地区倭患严重，温州先民为了生存，免遭欺凌，就观察海龟以爪击物、扑食的凶猛形象，结合自身抗暴斗争的经验，创造出了这套以形为拳，以气催力，适合船上施展，善于短打近攻的五龟拳术。总之，温州南拳技术是在温州地区及吴越文化生态之中形成和发展起来的，符合温州地区的社会文化特点和技击需求，是温州南拳与吴越文化充分融合的突出表现形式。

二、军事强武

温州地处浙南之滨，丘陵地貌，三面环山，一面临海，相对偏远、闭塞，人口较少，该地区匪患严重、海盗经常出没，所以，很早以前温州便建有兵营，并且世代传习，温州先民们始终秉承习武自卫的传统，自觉演练防御技巧，兵农合一，保卫家园。如唐天宝元年（742年），朝廷在大罗山东麓设立全国十监之一永嘉监，从事盐业管理。据《新唐书·食货志》记载，唐时全国共有四场十监，并设立盐监，管理所在地盐场[1]。永嘉监作为其中之一，温州先民们在煮卤晒盐劳作间隙，经常习练技击技巧，防身御敌，兵农合一。再如明朝时期江浙沿海倭患严重，温州地区也是倭患重灾区，特别是嘉靖年间倭寇更加猖狂，烧杀抢掠，无恶不作。明朝统治者先后选派军事将领组织抗倭，其中涌现出了一批抗倭名将，如戚继光、俞大

---

[1] 张虎林.海陵：大唐第一盐场[N].泰州日报，2015-01-12.

猷、王天锡等都曾指挥或参加过该地区的抗倭战事。他们将讲究实用性的军事武术带到该地区的同时，也将先进的军事作战与武术技击思想带到了温州地区，如抗倭名将戚继光，结合自身作战、抗倭的经验，著有《纪效全书》《练兵实纪》等，对温州南拳的进一步发展产生了重要的影响。同时，温州南拳也在一定程度上丰富了军事武术，如温州南拳功柔拳法大师李南琴在金钱会当教习时，为了迎合军事征战的需要，对功柔拳法进行改编，创立了功柔飞禽法，在"步步生根、拳拳入肉"的打练风格基础上增加了灵活多变的步法和手法，有效地促进了功柔拳法在军事武术中的应用。另外，军事武术也结合温州先民的自身特点和温州原有的武术特点，融军事武术的实战性、操练性为一体，创造出了符合温州地区特色的温州南拳，有效实现了军事武术与温州南拳的融合，同时也实现了温州南拳与吴越文化的融合，繁荣了吴越文化内涵。如戚继光的三十二势长拳又称南兵拳，就是结合当地武术，吸收各家之长，"故择其拳之善者三十二势"创编而成的，其突出硬打硬进，又表现出柔化劲，刚走直，柔走弧形，并伴有哼哈之发劲[1]。这与温州南拳的积极思想和特点基本一致，所以，温州南拳适时汲取了众多军事武术的众多营养，军事武术在温州地区推行的同时也有效地结合温州地区先民的原有武术技巧和特点，有效地促进了其融合发展。

三、少林传艺

提及温州南拳的众多拳种，追溯其发展演变源流会发现，其中有很多拳种都跟少林武术颇有渊源，特别是南少林武术。据温州南拳名家金庆池介绍，温州南拳具有"一宗、二系、三流派、四源、五功、六器械之说"，其中"一宗"指的便是福建南少林拳宗，万拳不离其宗，因此，温州南拳中诸多拳法与南少林武术渊源颇深。如温州南拳中颇具盛名的功柔法于清初顺治年间由少林五祖之一的雷行和尚所传。相传乾隆年间，福建南少林寺僧人因反清复明遭到围剿，寺庙被毁，部分武僧避难出逃，其中一位名叫雷行的武僧逃至今平阳境内，被一舢公所救，武僧雷行在舢公家中养伤避难多年，将毕生所学倾囊相授于舢公的两个儿子。为牢记南少林劫难，同时避免清廷追杀，他把拳法改名为功仇（公仇）拳，寓意功夫人的仇恨或天下人的仇恨，亦称功柔拳术。经历代先师不断弘扬发展，该拳在浙南大地得以不断传承，并形成众多支脉。再如马坦拳法，相传19世纪中期，南少林武僧至静禅师突患眼疾，久治不愈，恰遇游方名医医眼仙，经其精心治疗得以痊愈，禅师感其恩德，见其忠厚，遂收其为俗家弟子。功成后，医眼仙

---

[1] 习云太. 中国武术史[M]. 北京：人民体育出版社，1985：153-154.

归宿于平阳马坦禅寺,剃度为僧,法号行善,促成了马坦拳法在温州地区的创立和发展。

除此之外,五支拳法于康熙年间由南少林至善禅师二位高徒传于矾山东山下的蔡氏,400年前的蔡氏宗谱可考证;七虎拳法则由河南少林寺传入,并由永嘉县瓯渠乡演变成一支由吴承球为代表的南拳。有些拳法甚至以南少林冠名,如南少林飞熊拳法、南少林龙虎形拳。不难看出,少林武术在温州南拳的发展过程中发挥了一定的助力,在特定历史时期激发了温州南拳的进一步发展。究其原因,南少林武术作为优秀武术文化的代表,置身于吴越文化区,加之地缘优势,使得温州南拳很快汲取有益成分,并加以丰富、深化。如南少林拳法的非曲非直、滚入滚出、发声助力、拳打卧牛之地等特点都为温州南拳所吸收发扬,创造出了硬桥硬马、落地生根、以气催力等为特点的温州南拳。

四、移民携技

"文化传播需要媒介,移民历来就是文化传播最活跃的主体。"[1]移民携技也是温州南拳与吴越文化融合的突出表现形式,经考证,主要有三个重要的历史时期,即从公元4世纪起,中国境内由北而南出现过的三次大规模移民。第一次是魏晋南北朝时期,由于中原地区长期处于战乱动荡的状态,"八王之乱"的斗争导致了几百年间中国分裂的局面,"五胡乱华"更是让成百万的中原人背井离乡,南逃谋生。中国历史上第一次大规模人口南迁就此开始,黄河流域的中原人大量自西向东,自北向南,沿长江中下游全面迁移,当时就有一部分北方人迁移到了温州及福建沿海一带。第二次是在唐僖宗时期,由河南率兵5000人及大批眷属南迁至泉州、福州、温州一带。第三次是公元1127年,宋王朝南迁临安(今杭州)后,大量北方人南下,部分也迁入温州地区。北人南迁不仅充实了温州地方的劳动力,而且带来了北方先进的文化和技术,以及北方优秀的武术技艺和文化。这些在促进温州生产发展,经济、文化繁荣的同时,也加速了温州南拳与外来拳种的融合,有效地促进了其迅速发展壮大。特别是南宋时期,众多温州健儿从武举考试中脱颖而出,温州南拳由此进入辉煌的发展时期。移民不仅有效地促进了温州南拳体系的壮大,内涵的丰富,而且有效地促进了吴越文化的进一步发展,二者在这一过程中享受着移民带来新鲜血液的同时,自身也得到了融合。

---

[1] 葛剑雄.移民与文化传播[J].绍兴文理学院学报:哲学社会科学,2010(4):1.

五、科举兴武

唐代长安二年（公元702年），武则天在科举制基础上开创武举制，开以武取材之先河，在全国掀起一股习武热潮的同时，也在一定程度上激发了温州地区人们习武的热情。温州自古人杰地灵，其中也诞生了很多武科进士，《温州市志》记载："自唐宣宗大中十三年至清末废科举，即公元859—1905年的近1050年里，温州地区共出武科进士439人，其中鼎甲29人。"而南宋150年间，乃温州武科鼎盛时期，共出武进士305人。武举制繁荣了温州武坛，习武成为通向仕途的一条有效途径，为在武举考试中取得优胜，习武之人相互切磋学习，推动了武术的空前繁荣。而温州先民始终发扬吴越民族文化精神，很少受传统观念的束缚，也没有条条框框的限制，凡有利于本民族发展的均被大胆吸收，极大地促进了温州南拳的繁荣。特别是受宋王朝南迁的影响，加快了温州人民吸收、借鉴外来文化有益成分的速度，把握天时、地利、人和，实现了温州武举的空前繁荣，将温州南拳与吴越文化融合推向一个高潮。

六、经商捎武

明代李鼎曾言："燕赵、秦晋、齐梁、江淮之货，日夜商贩而南；蛮海、闽广、豫章、南楚、瓯越、新安之货，日夜商贩而北。"其中瓯越即是现在的温州地区，商业的繁荣不仅促进了南北方贸易往来，南北方武术文化也随之得以交流。温州自古以经商为名，市场经济下"温州模式"更是被人们所称道。温州先民在外出经商的同时，为确保贸易安全，都会习练一定的武术技巧，甚至雇用镖师，特别是温州地处偏僻，海盗、山贼猖獗，更需要以武护镖。长此以往，在经商贸易的过程中，温州南拳得以与各地的武术进行交流，吴越民族对文化的包容性再次凸显，潜移默化中使各种武术的有益成分通过温州南拳得以和吴越文化进行融合。《再跟温州人去赚钱》一书中关于温州南拳有段精辟的论述："温州自古的从商特征就有南拳的风格，即靠近对手，贴身出拳。从早期的肩挑货郎走街串巷，到现代的到处开的温州商城，温州人总是想方设法靠近你，靠近有消费需求的人。只有靠近你她才能把握机会出拳，一拳击中你的要害。这套'商拳'我们可以理解为温州精神的一种解释，即特别能吃苦，用自己的辛苦换取别人的方便，就近服务赚取钱财。"温州人民始终具有冒险和学习精神，也正因如此，使得温州南拳不断发展成熟，不断与吴越文化得以有效融合，甚至在商业贸易中也可觉察到温州南拳的影子。

七、拳坛授武

拳坛授武是武术在民间得以生根发芽并日益发展繁荣的主要推动形式。在民间的大舞台上，武术传播的方式可谓是多种多样。但不管怎样，具有一定组织性、团体性的武术传播方式发挥了更大的作用，这也和不同时期社会发展的需求相一致。特别是到鸦片战争后民族矛盾、阶级矛盾进一步激化，内忧外患，各地起义此起彼伏，其中温州乐清便爆发了虹军起义、平阳爆发了金钱会起义，引领了浙南的农民起义。这一时期，特别是起义过程中，温州民间出现了大量的"拳坛"等群众组织，这也印证了温州地区广为流传的"男壮皆练武，村村有拳坛"的说法。最为突出的要数瑞安、平阳直接以"拳"字命名的神拳社，会众众多，白天生产，晚上练拳。再如1927年钮永建、蔡元培、何应钦等26人倡议成立"中央国术馆"于南京，张之江任馆长。[1] 随后，各地纷纷建立起地方"国术馆"，并规定省以下各级馆长均由省长、市长、县长等担任，并聘请各地民间武术名家传拳授艺。浙江省国术馆也于1929年成立，温州永嘉县国术馆、瑞安国术馆、平阳国术馆也相继成立，极大地繁荣了温州武坛。武术组织出现的同时也诞生了职业授武人，他们在授武过程中必然会对所传习武术作进一步总结、提炼、借鉴，不断推动各种武技的融合。温州南拳便是如此，难怪在实地调研和访谈过程中发现温州南拳流派众多，分支繁杂，究其原因，在世代传习温州南拳过程中，温州南拳习练者会结合自身特点，并吸收其他拳派的武术特点，创编出自成体系的拳法路数。

得益于吴越文化生态环境，温州南拳在发展过程中，结合自身情况，积极吸收其他派系、拳种的有益成分，努力进行多渠道、多层面的融合，形成了独具吴越文化特色的温州南拳体系。通过军事武术、少林传艺、移民携技、科举兴武、经商捎武、拳坛授武等多种融合方式的交互作用，加快了温州南拳日益成熟的步伐，逐渐形成了套路简短稳定，注重实战搏击而轻表演观赏；多注重上肢动作，腿部稳固，要求"稳马步硬桥手""注重五趾抓地，落地生根"，以守为主，体现站马步；咬牙切齿，苦脸藏喉，伴随响彻的开声踩步；不经常用腿法动作，运动空间范围小，俗语讲：三步上，两步落，打了半天还在"阴间角"的拳法特点。此外，在练拳装束上，有些拳法有赤裸上身，肚裼围腰的传统。这些特点可以说是温州南拳赖以依托的技术基础，深深烙上了温州地区文化生态的烙印。现如今，温州南拳传承、研究、竞赛工作正如火如荼地进行着，温州南拳迎来了其发展的好时期[2]。

---

[1] 习云太.中国武术史[M].北京：人民体育出版社，1985：180.

[2] 王晓燕，林小美，赵寒治，等.吴越文化与民族传统体育文化融合发展的对策研究——以温州南拳为研究对象[J].浙江体育科学，2015，37（6）：106-111.

第二节　温州南拳的传承谱系

（内容详见二维码）

第三节　温州南拳的发展现状

（内容详见二维码）

第二章 温州南拳拳理

第一节 温州南拳的拳理与要求

（内容详见二维码）

第二节 温州南拳功法特点

温州南拳动作迅速勇猛、刚劲有力，演练起来富有阳刚之美，同时刚中有柔，柔中有刚，灵活多变，身法敏捷。

在手法上讲究五行变化，身法上讲究吞吐浮沉，步法上则要求做到虚虚实实、实中有虚、虚中有实。运动时拳势激烈、快速凶猛，讲究精气神与手眼身的配合。对身体各部位的要求极为严格，出手时臂要稍屈，留有一定回旋变化余地，以使手法变化时腕、肘、肩能互相呼应。冲拳时拳只有一尺二却要有引出二尺四的悟性。虚灵顶劲，紧裆沉胯，马实身正，步要轻灵稳固，有时配合吼声，以声助劲。立桩时要身正步稳，攻防时要身灵步捷、手法多变、内外结合，讲究"四法一劲三到"（指身法、步法、手法、腿法和劲力，步到、身到、手到）。

身法要求紧裆，沉胯，腹实胸宽，俯仰屈伸挺，折转扭拧躲（车钻身），吞吐浮沉互相配合，应势而施，应招多变。

步法有撤步、退步、跨步、盖步、跳进步、变身步、侧跳步、冲步、追步、跟步、绞丝步等。

手法上有神、劈、贴、砍、靠、捞、逼、敲、挫、摆搭、剪、勾、压、插、搂、封、盖、擒、托、叉、刁、扣、砸、拍、缠、推、撞等。

腿法有蹬、畔、勾、撩、弹、踢、点等。

劲力要求起于足跟，发于腰间，达于手指。这里特别要求做到，走要迅速似风，站要稳固似钉，进似利剑出鞘，退要刚毅稳健。还要求做到眼明、手快、腹实、肩沉、肘坠，发劲力要猛，足要蹬，进退两层灵活自然如猛虎，似蛟龙，气势磅礴变幻莫测。总之，练拳不练功，到老一场空。

温州南拳注重实战，交手时虚实兼用、巧狠并行，出手快速有力、灵活多变。攻击时触及对方实处即发刚劲，守时以柔化对方攻势，攻中寓守，有时夹守带攻，并在攻守中利用抖、摆、震、砸等手法，突然发力或发劲，使劲达对方脏腑筋骨，势沉力猛，加之手法严密紧凑、快速连贯、拳不空发、手不空回。拳法动作勇猛、灵活多变，上、中、下三盘皆需攻防，故应要求用意识引导气血使之周身循环（即气回沉丹田，发于腰，由丹田循环经络下行至足心涌泉穴，后上行经过背、颈，过百会穴下行经颜面回丹田，如此周而复始，不断地循环运行）。气为力之君，力从气出，力显气稳，所以，练习中注意呼吸的锻炼尤为重要，只有呼吸配合动作，方才使得内脏器官功能得到锻炼和提高，这就是意领法行，内外合一的根本。意领法行，内外合一指的是任何技法，意识为先，意识支配，气行则劲达，这便是内三合。外三合是指手与足合、肘与膝合、肩与胯合，手脚相呼应，协调配合，从动态技法上来说是腿法、腰法、手法的配合，即步到、身到、手到。

温州南拳在功法传教中常讲到习武似学文，练拳如练字，不同年纪有不同的学识感受，拳与字运行的老嫩，全在于勤行精进上，下一分功夫得一分体验。拳法、书法相互参透的道理常借此作些比喻，由于练拳与练书法最大的不同是，一个人永远也看不到自己在练拳时的真实形态，只有在想象中觉知自己发挥如何。这种在想象中觉知是参照书法引发觉悟，拳法、书法相互参悟的道理也在于之中，一个习武者在对好的书法作品观察中，会发现心中的内气在流动，会融于拳法和书法相同之处，体会运行自如，气力到脚，神形相通，久视不厌的境界，这样的体会对练拳者大有好处，也是练拳者所追求拳艺的一种目标。

一、温州南拳功法对身体各部位的要求

温州南拳功法由于缺乏文字总结传世，它对身体各部位的要求都是言传身教代代相传下来的。

温州南拳功法在运动形式和动作上符合攻防要求，每一招每一式都有其规律性，多数动作都是从技击上考虑的。在训练时不但要求其外在的气势，更强调其内在的功夫，以内带外，意动则劲动，一动无不动，动如山动。

对于初学者，首先应注意的是基本功训练，每招、每式力求动作准确，慢慢地由浅入深。等入门后再练以意带势、以内带外、以外助内、内外结合。姿势上的正确与否直接影响到技击水平的高低，在技击上讲究基本手法的五行变化，这五行变化含有武术中的吞吐沉浮、刚柔松紧、虚实开合，是由内发外，由外引入，所以特别注意每一个部位、每一个姿势的准确。下面以刚柔拳法为例，介绍温州南拳功法对身体各部位的要求。

"头"：头部正而上顶，在运动时要"虚灵顶劲不可失，启起喉力，喉力生劲"。头部如失顶劲就会四肢无力，精神不振。

"眼"：眼法的运用，眼法指眼神与各动作配合的方法。拳中有"眼上化身，手眼相随，眼到手到"的说法，练拳时不善于运用眼神，动作就没有生气，精气神就不能流贯，套路也就成了呆板的动作。反之如果使眼神和一招一式恰当配合，就会把内在的精神意识和表现力通过眼的作用贯发于动作之中，使整个动作显得协调而有生气。武术内在的东西，一方面从动作上体现出来，另一方面则是通过眼神来体现，功夫深的人就能做到"两眼有神，目透琥珀光，观他人之面目，可知他人之出手，观其鼻可知他人之动静"。

"肩"：松肩有利于劲力节节贯穿，直达梢节，但肩松决不能松而无力，应是松中沉实，柔中有刚，刚柔相济。也就是把关节放松，把肌肉练得伸缩自如，手臂就会变得松而灵活，冲拳时就能达到拳只一尺二，引出两尺四的效果。

"肘"：肘关节要和肩一样松而不软，柔中有刚，肘要微屈下坠，坠肘注意腋下不得留有余地，下坠时肘尖不要抬起和外展。肘又是进攻中手法多变的第二道防线，手臂的长短伸曲变化也都取决于肘，肘尖有时协同出击，变成第一防线，坠肘姿势的正确性是十分重要的。

"腕"：腕要活，在手法变化中首先与对方接触的多是腕关节，在双方腕关节变化中，找出对方破绽后才急变肘肩及身法，进步而击之。由此腕关节必须练得柔而灵活。

"胸"：常见有挺胸、含胸，刚柔拳对胸所采用的是"舒胸"，舒胸就是在沉肩的基础上胸部略含而不挺出。但背部切不可驼，而未沉肩时胸要挺，由于运动时舒胸，使人感到胸部舒畅，运动时呼吸通畅，可减少呼吸肌的负担。

"腹"：腹要依辅胸、腰的活动，刚柔拳对腹部的要求是松收交替，但以收为主，收可助腰劲。实腹为"气沉丹田"，使腹部充实圆满富有弹性，所以训练时特别注意"放与收"的道理。

"腰"：腰要做到"车钻身"，松而沉，直而挺。松腰的目的主要是为了把住劲，在运动时重心不浮，下肢沉稳有力，不至于在快速的运动中摇晃不定，有利于发力。腰部挺直，人体在进、折、扭、拧、转等运动中方能坚强稳健，"身如弓弩拳如箭"，如果身躯不能贯串一劲，起不了弩的作用，则两臂在发劲时必然软弱无力。练拳不练腰，技击就没招，练腰要求不仅要把腰练柔、练韧，而且要练得灵活自如，这样才会达到"车钻身"的要求。

"臀"：臀部在练拳中的主要作用是维持身体平衡，练拳时要求敛臀，朝内收夹，不要后突，这是为了达到上体宽舒，下体稳固灵活和逐步趋于沉着。在敛臀时依然要提裆、吊肚，有利于增进裆劲。敛臀也有助于立腰，可避免出现弓腰现象。臀部姿势的正确与否关系整个身法的变化，以及身体四肢劲力顺达等问题。

"裆"：裆部的要求是提裆即吊阴，吊阴的作用是紧裆，在气沉丹田的同时，阴囊微微上提，肛门内收，可使裆部圆而实。拳中的弓、马，虚步中的膝微向里扣，其主要目的就是防护裆部，故在训练时必须注意吊阴。

"胯"：在训练时要沉胯，沉胯有利于牢固胯关节及骨盆，有利于撞击的运用，沉胯也有利于起腿攻击时重心的稳定，但沉胯不能僵，要沉而松活，有利于变步和腿法的作用。

"膝"：拳中对于步法上的要求是步法稳固，落地生根，移动快捷，所以膝关节起着重要的作用。平时必须注意锻炼膝关节的灵活和有力，加强髌侧韧带、髌下韧带的锻炼及发展大腿部力量，做到劲力能达膝尖，技击时可撞人，也可防护裆部。

"足"：拳中要求"大根坐身，步法稳固，落地生根。"所谓生根，就是腰部发出的劲力通过下肢各关节贯注于双足，脚趾用力向里扣地，使步法极其稳固，步步生根。加强足踝关节韧带的锻炼，才能得以发劲，劲达足底再回于全身各部。

二、温州南拳的身法、手法和步法

（一）温州南拳的身法

身法是指躯干在不同动作中的不同活动，结合攻防的变化方法，腰是身法的关键。在运动中腰要忽前忽后忽左忽右，如"车钻身"的转动，导引臀、肩、胸也随着运动，而形成武术中的身法。

躯干包括肩、胸、腰、腹、臀和背等部位，温州南拳的基本身型为：头正顶平，沉肩、舒胸、拔背、实腹，腰松而沉且直而挺，沉胯、紧裆。

身法在运动上有俯、仰、屈、伸、挺、折、转、扭、拧、躲、吞、吐、沉、浮等。俯、屈、躲、折多为吞，吞为守，性主柔，化势解招；而挺、仰、伸多为吐，吐为攻，性为刚，得势进招。

浮，不是重心上浮，而是随动作需要，腰直而挺有助扭、拧、转、折等动作坚强有力。

沉，气沉丹田则使运动时肢体不浮，下肢沉稳有力，不失重心。运动中要求上下协调配合，步随身行，身到步到，才能使整个套路表现出刚柔相济，协调自如的效果。要做到腰要柔要活，这就是"车钻身"的效果，因此拳打千遍，身法自然。练拳不活腰，到老没几招。

（二）温州南拳的手法

刚柔拳法对手法动作要求快捷，不仅在挥拳臂时这样，对掌腕的细致动作也是这样要求，干净利落，手如流星，变如闪电。要达到手如流星的要求就必须做到松肩活肘，使肩、肘、腕等关节在运动的时候力求放松，这样发力时才能紧凑施劲。在技击时手法上的变化应做到有门抢门，无门找门。双方交手时通过手法上的变化，使自己的正面身体始终保持在对方攻击的偏斜之处，这样我们既能达到护身的目的，又能得到进攻的机会，可趁对方旧劲已过新劲未发之际击其不意而进之。温州南拳对于两臂要求不管进攻或防守都要保持一定的弯曲，不可完全伸直，留有一定的余地，以利手法的迅速变化，这就是拳谚中的拳只一尺二，引出二尺四的道理。

（三）温州南拳的步法

步法指练拳和技击时脚步的移动变化方法，是在步型的基础上变换的。步型有双弓步、马步、丁步、虚步、歇步、单跪步。三马的作用，阵前对峙用高马，解御反击用中马，入门攻击用矮马。步法的运用反映桩功的水平，桩功是对步法所提的运动要求，但步法活动的生根并非固定不动，而是像钢钻一样的稳固灵活，身法有变化，步法也跟着变化，身法动得快步法也随之快，做到步随身换协调一致，要求做到静而稳固，动而不乱，手脚配合协调一致。步法稳是要求各种步型的两脚距离、位置要准确，步法的大小因人的高低而定，丁步时膝尖不过脚趾尖，身体重心不致越出两脚间的范围为准，脚趾要抓地面，使脚掌着地。步要快是指步型步法的变化不能落后于上肢动作，做到步快要思想集中和有意识地指挥腿的活动，另要加强腿部快速灵活性的训练，还要注意手脚配合，这样才能做到身灵步活手捷。脚是身体之基，脚站稳则身稳。总之温州南拳要求练到手法变化莫测，举手多变，身法圆转灵活，步法前后左右来去转换灵活。

三、内气与外气

（一）内气

气功的气，是通过锻炼获得，可随人的意识在体内运行的一种能量流，是一种无形无象，拥有能量，载有信息，流动着物质的"内气"。

内气可循环经络系统运行全身，内及脏腑，润泽筋骨皮毛，能发挥人体的潜力，因此是发挥调动人的潜力和推动人体活动的主要动力，所以要学好武术，就得练好"内气"。

内气源于丹田，两眉之间的印堂（眼上）为上丹田，两乳之间的膻中穴（法身）为中丹田，脐轮（化身）为下丹田。气沉丹田指的是下丹田，是一种腹式呼吸方法。主要是吸气时膈肌下降挤压按摩腹内器官，刺激内感受器，使之转变成生物脉冲，经感觉神经到脑中枢，引起一股"气"沉于小腹，这就是所谓的气沉丹田。有沉气就应有吐气，沉与吐是相辅相成的，随着运动进行，呼吸的变化，气有时沉有时吐是在无意和有意之间形成的。练拳时用力的动作需要"憋气"，使动作更加刚劲有力，但憋气太久就会出现胸闷气喘，不能做到气沉丹田，影响套路的进行，因此吐气也有助于"气沉丹田"。

（二）外气

呼吸之气，用以补充体内氧气的需要及新陈代谢的作用，这是人体维持生命活动的基础，武术中称之为"外气"。

人体的新陈代谢是离不开氧气的，尤其运动起来人体对氧气的需求量更大，供氧不足势必会影响运动。但刚柔拳动作复杂、快捷、疾速、迅猛，氧的要求量极大，对呼吸显然有一些特殊的要求。呼吸方法主要是引胸式，为腹式呼吸，呼吸匀细深长有力，争取多用鼻吸，吸气时膈肌下降，气沉丹田，这样可使腹腔器官产生相应的蠕动，可使胸部宽舒，腹部充实，还可降低重心，达到根基稳固若磐石的效果。这种呼吸有利于血行气顺，肢体松活，能令人的肌肉血管及经络脏腑高度松弛，使经络贯通气血流畅。在套路练习中及在对抗运动中人的机体耗氧量可相对减少，能量代谢相应降低，血液输送相对不会快速增加，心率不会升得很高。另外，在练拳或技击时运气得法，利于蓄气，内气充沛则气助力发，性觉力极大。武术讲技击，技击得施力，性觉力是关键，这样内气充沛又可保持耐久力。内气与外气呼吸又是息息相关的，掌握正确的呼吸是很重要的。

在运动中呼吸方法不是一成不变的，根据不同动作，则有提气、托气、聚气、沉气四种不同的呼吸方式。所谓**提气**是一种腹壁内收，胸腔尽力扩展，肩带肌亦参与收缩的一种胸式深吸气动作。**托气**是指吸气将结束时紧接着来一下由慢渐快的半呼气。**聚气**是指吸气后"闭气"以待随着冲拳、劈拳、砸拳、插拳的同时微启声门，用力呼出适量的气体，这样可以增强发力，以气催力、聚气成力。**沉气**是一种典型的腹式呼气方式，通过膈肌上下运动和腹肌波浪起伏，可使腹腔脏器产生相应蠕动，并常常伴有肠鸣声，沉气时要气沉丹田，务使胸部宽舒、腹部充实、降低重心，从而达到根基稳健，固若磐石的效果。套路练习中，随着动作演变，呼吸的提、托、聚、沉也要相应转换，是使武术达到一定造诣的诀窍。

四、劲的训练

练武的人，除了练气之外还要练劲，武术所谓的劲与力是不同的。力仅仅指常人挑担举物和推动有方向的物体的力气。劲则专指经过拳术锻炼以后通过人体肌肉组织的迅速收缩而爆发出来的力，一般人老了，便趋向衰退，而劲却蕴藏于内，坚持锻炼不但不会消退反而会变衰为壮，年虽有所增，然而力是死的，劲却是活的。

在武术中，劲又有内外、阴阳、刚柔之分，内为柔、外为刚、明为刚、暗为柔。柔为主观、刚为客观，攻为刚、守为柔，天地是刚、人是柔，由于人是参赞天地之化育，人利用天地、运用天地，所以称之为柔。深入对刚柔的认识是练功方法的指导思想，用现实物力作用而练成的称之为外刚劲，以身内自我作用而练成的称之为内柔劲。武术家常说：外练筋骨皮，内练一口气，达摩西来无一物，全凭心意下功夫。内劲由内气所主，内气是内劲之源，把气与力连在一起称为力气或气力。温州南拳功法主要是心性开发心意锻炼，故拳只一尺二引出两尺四是由于引发心性利用轴力，使气随意，力随意，气行入膜，筋肉飞溅，全身各部位都在运用中。练功时思想不在体内，忘了自我，体内真气自然升降出入与外界自然之气相接，如意运化。运化时自己本身心底产生一股长劲，产生"自然劲力"，性觉力惯性好像一种速度，功越深反应速度越快，效果越厉害，熟极自神，如意应变，神速莫测。温州南拳首先从练明劲入手，以刚劲为主，一招一式务求符合规格，身步变化要和顺，手足起落不可散乱。不论一拳一脚，一个身法都要劲满力足，练到"拳脚生风"，可以把自己全身力量在一瞬间集中到拳面、拳心、脚尖、脚跟等每个点上。

练暗劲，这是由刚转柔的阶段，练时神气要舒展而不可拘泥，运用自然而不可滞断，起落进退均重意不重力。在完成动作之时，拳掌在小范围内震颤，骤然施劲，也就是出手时讲究触物即刚、煞手如铁，外柔内刚、柔中带刚，气不上浮、形不外露。功蕴于内，忽隐忽现，随意而达，劲力莫测，练至有直觉反映的本性，则达到熟极自神。所谓刚劲，是腰部运用缠丝劲发出的爆发力，也叫性觉力，这种刚劲由丹田气产生，劲从气生，力随意发，并非拙力。柔劲是指全身骨骼肌肉及内脏器官严密配合，含蓄活跃于体内又能随意集中于一处的一种韧劲。在技击上要求刚柔相济，有触即发，发如箭，多用柔劲化解对方的攻势，探知对方的劲力与动向后，发挥引进落空、乘势借力、以轻制重等技巧牵动对方的重心，破坏其架势，使之处于被动的地位，在最恰当的时机将内劲有意识地集中在某一点，似箭般迅速地发出击打对方，这时用的就是刚劲。

温州南拳拳理中所谓刚劲也是"固一"的意思，是秘诀的派生，存理变质而成，是主要的练功方法之一，要把多种固一的作用道理进行自我理解做综合反应，成为固一，最终体现出天性反应。例如，秘诀中的身心作用，精气神意力，神电风雷雨合一作用，多元合一、气力合一、三身合一。如拳中六封四憋，是六神不外游，外缘不内侵，四憋是不罅漏，还有三身合一喉力作用，动静于一气间，心一动气一吸，无力而势虚，心一动气一呼，有力而势实，接法取法尽纳于一气中，攻防一致（无空门而成效）等都是引导指明于固而专一。如果以困成习惯，那后果就是只有招架之功而无还兵之计。所以固守才成法，万法唯心，合二为一，子午归真，真人也法身。心性如神电，运行风雷雨归终固一，明心见性，心明则灵，欲专之谓坚的功效，达到随心所欲的性觉境界。

温州南拳讲究"以柔克刚，及实即发"，是指与对方接触时不拼力对抗而以柔化之。也就是要用技巧避重就轻，对对方的攻势进行消解，对于刚强的东西，也用刚强的东西去对抗，结果刚者就可能反为柔者所克。因此接触对方时，已知接触部位应做弧形、圆形运动，其目的在改变对手攻击之方向，原则是令对方攻击方向不能直接向着我身体的任何部位，这样对手便被我所控制，任我摆布，为我所克，这就是拳理中说的力与力不能顶起来的道理。习练者通过功法训练，练的自身一股充实的内气，以气催劲，使周身有无坚不摧的内劲，刚时如钢，柔时如绵，发力不着人则舒散自由，着人则力从内发，有摧墙倒壁之势。功法练习讲究像钢铁一样感到坚刚有分量，柔要练到对力感触我手时进不得势，退不得脱手，能做到见力生力、见力化力、见力得力、见力弃力、见力引力、刚柔兼施、人实我虚。

温州南拳在运动中特别强调松与紧的拳理，每个习武者都要做到劲力贯穿，力从根起，劲由腰发，贯穿于全身各部位，做到劲随意发、意到劲到。如何做到劲力节节贯穿呢？首先在训练时要注意放松身体上的几大关节，特别是胸脊、腰脊的放松。武术运动中身法能否变化自如，主要靠腰的放松带动全身各个关节的放松，这是内外合一的基础，有利于周身劲力的放发。所以身体处处都应当放松，各部互相配合，毫无牵制（当然不是软而无力的松），这样才有利于劲力的贯穿与动作的变化，就能使人有充沛之体力应付激烈的对抗。

所谓"紧"就是紧张的意思，一旦紧张则血液循环流动将被破坏，如果全身某些肌肉不能放松，处于紧张状态，就必然向大脑皮质发放一系列非良性的兴奋冲动，影响神经的灵敏性和协调性。如果全身肌腱骨节都呈放松状态，就会降低大脑皮质的兴奋，有利于发挥指挥功能。对全身来讲，节节放松，对于气血还能起到引导作用，人体如果能把全身关节缓松下来不僵不滞，把肌腱都锻炼得能屈伸自如，就可以导引全身内气按其自身规律做旺盛而有力的运行。

（一）内外劲并练

温州南拳要求外练手眼身腰步，具体通过南拳基本动作功法（手、眼、身、腰、步）的练习来锻炼人体筋骨皮。筋是附在骨上的韧带，是力量的源泉，不重视练肌肉和韧带，力量必不大；骨是支持人体的骨架，如骨不坚就无法做到平衡、起俯、转折等动作；皮则是皮肤，是人体的感觉器官之一，重视皮肤的训练，能增强本体感受和反应的灵敏度，利于提高动作准确性。

温州南拳内外并练，须做到内外合一方可行，内为意、气、劲的三合，外为手与足、肘与膝、肩与胯的三合。如想做到内外合一，则要求意领气行，气助劲发。故练习时需做到内外劲并练，以形为拳、以意为神，形神兼备，以此提高技术水平。

"意"：指指挥，比如对方进招，习练者不论通过视觉还是触觉感应后都报告中枢神经，中枢神经分析判断其攻击目的和可能的变化后，传出指挥信息，肢体发生效应，采取相应的招式，这一过程就是一个"反应时"。武术攻防瞬息即变，"反应时"的快慢尤其重要，所谓巧打笨、快打慢就是这个道理。

意有两种练法，静与动。静指闭目养神，心旷神怡，脑际中设想对方一拳一脚如何进攻，习练者应如何防守和反击，应该如何变化。动则是如临敌之境，变步出手由意念所领，再变步出手如实战一般。

对内练则主要练气与用劲，"意"令气沉丹田，气由丹田吐运于体内某处，助于某处肌肉收缩发力，气催力发，气到劲则达，如此练意，久练必精。

"气"：就是内气，前面讲过很多，凡是不掌握运用气沉丹田的腹式呼吸者，在拳路的练习上就必然是"气血上涌"。气息在胸间活动，气往上浮则内虚，内虚则气促，气促则吸氧不足，氧气不足则力短，力短就不能持久。气不顺还必然影响动作的协调性，劲力难以发挥，显得气喘吁吁。

"劲"：指内劲，由意所生，由气而发。练习时随意运气至肢体，欲发力时该处肌肉便收缩，这是人体力，此谓气催力发，力气合一便形成劲，力度可大小，劲却难以衡量。练劲有个过程，先刚后柔，先明后暗，刚有余者柔则成，明不见则暗见，柔劲比刚劲难练得多，暗劲比明劲难练得多。这些功夫都必须循序渐进，细心探索，这是师祖们常说的"参、悟、禅"。

温州南拳的心意锻炼，除拳法理念和口诀中养气外，着重还有七字诀"参、悟、禅、摸、引、放、透"，这七个字是练功方法和心法，是传教常用口语。一个练功者能理解这七字的用意，那也算师父引入门，修行则靠自己的心得。

"参"：指一个习武者应带着目的学的意识，在习艺过程中，除了参照练功外，着重在于参究，参究就是带有疑问，要参透每一招式的作用目的和变化，才能练好这一招式。

"悟"：是一种理解，在学拳中悟是很重要的，往往老师指点有时有意不说明朗，表演一个手势，讲一句带有疑问的话，靠你自己去理解更为深刻。由于理解有多方面的，尤其在技击中往往百撮百解，变化多端。理解利弊关系，才能应变，只有在悟透彻中才出真智。

"禅"：指静虑，是一种心意锻炼，用意不用力的心意活动，是不断地使内心思想进入自我深层，开拓自身天性潜能和爆发作用。也就是练拳及技击的作用意识在心中不断地运动，使意能牵动全身，布满觉性，这种心意锻炼有利于在实际的全身运动中增加力的随意性。百体从令，随心所欲的效果，是锻炼性觉的一种方法。

"摸"：指一个习武爱好者随时应有一个摸索探讨之心，有精益求精的精神，方能求得上进。

"引"：是指人体内遗留着很多的潜能要自心去开拓，开拓的方法主要在引导、引诱上引出心性。比如在练功时，拳法理念和招式名称的意思会引起自心注意，引发出自性功能。所以，信仁义会引出一个人的勇气，激发人的情绪，如同拳只一尺二引出二尺四，箭出弦般地引发出一种攻势及速度，引发出加倍的效果等。

"放"：主要是指人的思想放松别紧张，不能抓住某一处不放。脑子里要如空无一物，才能包罗万象，即圆空之心才十字平衡，应有一个默照心（即默照禅），一照即觉，一觉即放，才能形成圆觉快速反应成性觉的天性反应。

"透"：指透彻、透心、明了。有熟极之意，是对练功者久练自化，熟极自神的一种描述，表达在表演套路及招架中运用熟练，打出神及运化自如的一种常语。透归根结底是在参、悟、禅、摸、引、放、透不同禅之中下功夫所得，从疑问中悟出真智，从生疏练到熟透，从勤行精进中取得奥妙，在精觉妙明中运化刚柔，显示出熟而透的结果。

（二）温州南拳的最佳练习时间与方向

为了达到最有效的练习效果，历代相传的温州南拳最佳训练时间为寅、卯、戌三个时辰。一天有十二个时辰，从夜十一点到过夜一点为子时，每个时辰为两个小时，以此类推，子、丑、寅、卯、辰、巳、午、未、申、酉、戌、亥。前六个时辰为阳，后六个时辰为阴，阳是阳气上升，阴是阴气下降。古代医学家依据这十二个时辰，来推算出在某一个时辰，某脏器气血旺行而容易引导，可见时辰对诊病和治病都有影响，传统流传下来的一套练功时间也是有其根据的。

如套路中"红日挣山"这一招式，这是一个练功时节的提示，也是一天中的气象寅、卯时节，表示"朝阳"上升时，阳光刚照大地，阳气上升。晴朗气爽的气候，会使练功者有一种清心、舒适之感，精神自然饱满，身心清净圆觉的心态，也就是朝阳舒展之感，和秘诀中启起大劲正相符合。

这种大自然阴阳轮回是固定的，早起晚落，升降自然不变，对练功者有一定的时间约束。而在人体这个小天地中也有天地日月、四季，也有升降盛衰，冷热交替变化。由于人是活体，可以由自心把握好那种"红日挣山"时的心态，使精神自然充盈，身心清净，以朝阳舒展之感来灵活制定练拳时间，所谓"活子时"，是不受大自然阴阳子午限制的。

练功过午也是以小天地"活子时"所定，是根据大自然子午轮回原理，一阴一阳之道来掌握练功火候。"红日挣山"境界属卯时，但是太阳上山由于四季变化也有早迟，古人创始者以"红日挣山"来定更为合理。活子时、卯时属阳刚之气上升时期，午时是精神发挥上升到最高峰而很快就会下降时，所以在练拳起势时精神启于"红日挣山"，而向午过程是越练越猛上升至高峰，午时结束运气归元。如果起势精神发挥过度，结尾无力无劲，振作不起，就是"过午"，练功效果不佳。另外有因练功过度，二十四小时后无法恢复精神也是"过午"。

"红日挣山"：红日也代表一种精神，红日有升降，精神也有盛衰及往来，还有辐射的方向目的，有方向有目的地练功才有效。概之言早不朝东，晚不朝西，午后如需要进行练拳则不朝南，不朝北。北属阴，无阳光直接照射的自然之理。这都是师祖口传至今，但也是练功者大忌损阴精的一个方面。无精神属阴，精神饱满属阳，故"委"有清静之志，"当"且壮其根源的自然规律不可违，这一系列都是"红日挣山"中的奥妙之处，一个人要把握好自己的子午尺度练拳才有成效。

内气是人体一切活动的动力，气足劲就足，自然界的气流和大气状态的变化与人体经络、内气运行有着一定的联系。在人体内有十二条经脉称为十二正经，是营卫气血不断运行的主要通路。内气沿着十二正经循行，它的循行受到自然界大气对它的影响，寅、卯二时辰时自然界大气受激发开始缓慢上升，人体的内气在这个时刻同样也受激发开始缓慢上升。人体肝气处于初升状态，肝经与胆经互为表里，所以胆经的内气处于刚刚上升状态，人体上升状态的肝气和胆气在寅、卯二时得到体外同质大气的充实，而显得更加旺盛有力，有利于练功。我们将刚柔拳的练习时间选在寅时和卯时，因为日出于寅时，肺气始于寅，在寅时和卯时，旺盛有力的内气循行在肺和大肠，两者互表里，肺主气，司呼吸，有传输一身之气的功能，大肠的主要功能是传导，清晨，三时至七时的大自然之气处于少阳初开状态，主生发，在这个时刻进行训练，将旺盛有力的肺气又加强了一步，在寅时和卯时练功为佳。

戌时阴气上升，这时运动可调动内气，同时容易向外吐放蕴藏在脏腑内的浊气，因而可以加强脏腑经络之活动功能，疏通气血，有利于子夜入眠后人体阴气转向上升之时，吸取同质大气，强筋健体。

午时为训练的忌惮时刻，中午太阳光线向下，直射我们居住的地方，此时自然大气和人体内气却处于上升状态，头气激发，内气快速上升，心气不平，血脉膨胀，不利于运动。练功时间也与我们日常生活习惯有关，因为清晨人的精力旺盛，记忆力极强，演练套路尤佳。且睡了一夜后，由于肢体放松而除滞消退。戌时为睡前时间，由于一天的活动，关节肌腱都活动开了，便于大幅度、高难度的动作训练，有利于正确动作建立定形，且运动中精力的消耗也会通过睡眠得到及时恢复。

冬练三九，夏练三伏，是习武者主要必守的关键，三九和三伏是一年四季气候变化的两个转折点，这两个时间对人体健康来讲是最不利的气候，气候冷会使人体气血不通，肢体僵硬麻木，热也会使人体热量过度消耗而疲倦、昏沉，所以要注意抓紧锻炼、活动筋骨、舒通气血、充足精神。

自然气候对人的自然境界和精神影响很大，比如春、秋晴朗气爽时，在旷野中人体会觉得舒畅、清醒、精力充沛，古人历来认为这种境界和健康的心情对练功来讲是最佳的状态，启起大劲，来自大自然，平常练功的目的也是为此境界，桩式和起势常以达到此境界为佳。

人体与天地、日月、四季相参、相应。一个人正常时所遇到的不舒服、疲倦、昏沉、散乱、太冷静，出现肢体僵硬麻木等，这都是属于夏冬现象，三九三伏是指现象到转化的关键时期。一个人的内心世界只有自己明了，为了健康，时刻记住守戒，不昏沉、不散乱、不僵硬麻木，保持清净身心。冬练气夏养气，达到全身舒畅、精力充沛、圆觉的心态。时时处于行立坐卧皆守的习惯，练功技击，熟练后短暂不练稍有生疏也属夏冬现象，而复习时一时一刻可夺一年一月之功。

只有正确地掌握和科学地安排训练时间，才能在短时间内收到最佳效果。

第三节　温州南拳技术风格与特色

一、温州南拳风格

中国武术素有南拳北腿之分，风格迥异，特点分明。北派武术大开大合，蹿纵跳跃，舒展大方；南派武术短桥寸劲，阔幅沉马，迅疾紧凑。南拳在我国源远流长，历史悠久，清代《小知录》中就有了南拳的记载。南拳种类繁多，流传于我国长江以南，主要包括广东、广西、福建、浙江、湖南、湖北、四川、江西等省份，并很早就流传到海外，在东南亚以及美洲、大洋洲扎下根来。传统南拳由于各地发展情况不同，故各有各的流派和风格。福建的南拳有洪、刘、太祖、五祖、象形等流派；广东、广西有洪、刘、蔡、李、莫、侠家、客家、蔡李佛等流派；湖南有洪、鱼、孔、风、水、火等流派；江西有李、客家等流派；浙江的南拳则以地区为界，区分不同的风格；江苏南拳也有苏（苏州）、锡（无锡）、常（常州）、沪（上海）等地区的区别。如广东洪家的伏虎拳、虎鹤双形拳、蔡李佛的十字拳等，它们都有固定的套路，并有南拳典型的特点。

温州南拳是两千多年来流行于温州地区的一种具有独特风格的武术流派，它不仅有着深厚的历史人文积淀，而且深受地理环境的影响。温州地处浙南，三面环山，一面临海，因此山民与渔民就各自发展出不同的文化生活，同时这些特点也体现在了温州南拳上，形成了众多流派。在长期的共同生活中，这些拳术又相互交流影响，在理论上形成了相对一致的意见，同时又保留了各自流派的精华内容。从历史与技术特点可分为刚柔拳法、五稽拳法（又有五鸡、五龟、五支、五指、悟肢、五基等谐音称法）、虎鹤拳法、内家拳法、瓯渠拳法、白鹤拳法等，其中瓯渠拳法发源于南宋年间，吴金明从台州宦游至永嘉瓯渠并定居于此后所传；内家拳法则由明代陈州同所传，在瑞安传承有序；五稽拳法的历史亦相当悠久，可追溯至五代时期，而根据文献参考；刚柔拳法、虎鹤拳法、白鹤拳法，则自清代中晚期形成规模，传承明确，谱系清晰。

温州南拳的技术风格，也顺应着历史的变迁而不断变化，因地理环境的不同而相异。比如流传于海滨的拳种，形成了"船拳"风格；流传于山间的，则以象形为特色，如虎形拳（传统套路有"五虎下山"等）、猴拳（传统套路有"白猿出洞"等）。但基本所有的温州南拳都追求刚柔并济、以气催力的特点，重在贴近生理，讲求力量的训练与展示，注重实用，从而在武坛上独树一帜。

二、基本技术特色

南拳拳系中有许多象形拳，不仅有龙、虎、豹、象、鹤、蛇、马、猴、鸡等常见的象形拳，而且有狮、彪、鱼、犬等罕见拳种。

从动作表现形式角度出发，温州南拳套路简短稳重，注重实战搏击和表演观赏性。在动作技法上注重上肢动作，腿部稳固，要求"稳马硬桥""五趾抓地，落地生根"，强调"稳如铁塔坐如山"，技击以守为主，体现站马步，腿法跳跃动作较少，运动空间小。温州南拳俗语讲：三步上，两步落，打个半天还在"阳间角"。赤膊上阵打拳，也是温州南拳练习的一大特色，在全国其他拳种中十分罕见，现在民间表演中还保留着光着上身打拳的习惯。

此外，温州南拳注重武德传承，其演武中特别注重礼节体现。每当演武习练开始之前，必先行礼，因此存有"礼拳"一式，皆有拱手、请手、礼毕等一系列动作。与人交手比武，更是如此。虽显繁琐，但在当今社会，更显珍贵而意味深长，体现了习武之人的礼仪与文明，更是习武者所必备的精神品质。温州南拳讲究拳礼，习练者也需要练习单独的一套拳礼套路。拳礼是礼仪形式在武术中的具体体现，恭手代表师祖，是示意恭敬、和谐敬人的一种手势，也代表拳友之间互相尊敬，广交五湖四海拳友，同时表示自己谦虚得如大海中的一滴水，还需向其他人学习。温州南拳种类和流派有很多，各具特点，主要技术特征有以下八点：

（一）稳马硬桥

南拳中的马即扎马，就是"桩步"。马步桩是南拳扎马的基础，有大马、小马和半马之分。不论什么形式的桩步，都要求五趾抓地、落地生根。扎马练好了，腿力沉、重，步势方能稳扎，运动才有章法。桥，是南拳中特有的手法，桥法即手臂的运行方法，称为"桥手"。比如，臂下垂做内旋的动作，唤作"滚桥"；肘下沉，唤作"沉桥"。

（二）脱肩团胛

南拳身法讲究脱肩团胛。脱肩，是两肩有意识地向下沉坠。团胛，是使肩胛骨向前微合，形成团状。脱肩下沉，有助于臂肘的合劲；团胛前合，能使背紧，有助于蓄力、发劲。

（三）直项圆胸

南拳身法还讲究直项圆胸。直项，是指下颌里收使颈项伸直，但不可僵硬。圆胸，就是要求胸微内含，稍呈圆形。项直有助于胸背肩肘的劲力合一，胸圆则有助于沉气实腹、闭气蓄力。

（四）沉气实腹

南拳也非常讲究气沉丹田，强调沉气实腹，使腹肌加以紧缩。沉气实腹，促使臀部必须收敛。它与脱肩团胛、直项圆胸以及五趾抓地是一个整体，能够做到上下协调，周身劲力就会凝结到一点，形成爆发力。

（五）力从腰发

"手从胸口发，力从腰马生"，南拳把腰视为发力的重要枢纽，南拳还强调腰功必须刚柔相济，如"鱼游于水，蛇行于陆"。如果腰部呆板刚硬，缺乏柔韧，也不好带动劲力的发挥。南拳在劲力上分短劲（寸劲）、长劲、飘打劲、连绵劲、爆发劲等，这些劲力均须"发于腿，宰于腰，形于手"。

（六）拳势刚烈

刚劲有力是南拳的共同特点，南拳的发力主要有短劲、长劲、抖弹等。南拳强调发力前要有闭气蓄力的过程，通过腿、腰、背、肩、臂全身协调一致，并通过屏气、呼喝加大初始速度和爆发力。在演练中要内守、含蓄，面部带有怒意，以达到拳势刚烈、气势逼人的效果。

（七）发声呼喝

南拳讲究发声呼喝，一般的喝声有"嘻""喝""哗""嘹""呀""嗌"六音。随着拳势变化的不同，运用不同的呼喝声。"呼喝则风云变色，开拳则山岳崩颓"，发声呼喝，一是助威势，二是助劲力，三是助形象，不可以无原则地乱喊乱叫。

（八）节奏明显

武术套路的演练讲究节奏，南拳的动作也是有快有慢的，在演练中虽然拳势刚烈，明快干脆，但必须方法清楚，发力明显，不能一味求快。慢动作如单推手、双推手，要求除脱肩团胛、沉气实腹以外还要收缩、隆起肌肉，以气催力，均匀而缓慢地发力前推，在体形上表现出刚劲有力。

第三章 温州南拳歌诀

第一节 拳术总论

温州南拳,从汉代船拳起源,至今已经历了两千两百多年的历史。在1986年,被列为全国129个优秀拳种之一,温州人民称其为温州武术界的"母拳"。温州南拳历史悠久,流传甚广。2000多年来,由于历代名师的传承和创新,已形成了一派多门、一门多师、一师多法的独特风格和发展态势。在漫漫的历史长河中,瓯越的武术发展深受闽越和江淮武坛的影响。先辈们广泛吸收南北少林的优秀拳法和功力,结合本地域文化,自成一派。一些武术学者因此编写出具有自己独特风格的诗歌谚语,吸收前辈们留下来的优良文化,来展示温州民众历来对温州南拳文化的情有独钟。

艺文可以是习武者以拳会友的重要载体。单打拳会使习武者觉得枯燥,融入诗词歌赋于拳法教学中,有利于增加习武兴趣,并且使人理解拳法里面的深意,领悟拳法的经验和认识,体会拳法的心法,使习武者明白拳里面一招一式的含义,从而领会到拳法中的真谛,能在练功和临战中发挥更大的作用。诗词谚语是学者和习武者对学习拳法的方法阐释,也是修炼拳术的一种体悟法则。朴素又朗朗上口的拳谚,让人觉得通俗易懂。

拳种的传承和发展离不开传统文化的传播,拳谚的运用为人们了解温州南拳带来诸多的便利,通过诗词歌赋使大家了解了很多拳法拳理和民间趣事。本书融合了许多民间故事,拳法技巧以及温州方言,将学者前辈留下的有关温州南拳的谚语诗歌及民间相关的俗语进行讲解,使温州南拳的爱好者了解其中的真谛。为了更好地传承温州南拳的文化,通过电话访谈、实地考察、问卷调查、资料查阅等方式,对温州南拳的诗词歌赋进行了深度挖掘,共收集整理了38句温州南拳民间谚语、33首诗词以及5首歌曲(本文内容排序不分先后,依据24个英文字母进行排序)。其语言形式活泼,亦庄亦谐、或喻或劝地反映了浙南地区独特的南拳文化。本书对其进行理论的译注,经注释、释义、说明,使读者能更直观地了解温州南拳文化,可为温州南拳教育者、研究者、习练者及传播者提供参考。

第二节　温州南拳谚语及典故

1. 阿虎阿爸打拳，一手一手来

【注释】

阿虎阿爸：指阿虎的爸爸，是温州民间一名拳师。

【说明】

表示人在打拳时镇定自若，很有条理性，不慌不忙。一招一式练到位，不浑水摸鱼，而且要练到精髓。

2. 不懂拳经蛮练功，功夫到老全是空

【释义】

由武术俗语"练拳不练功，到老一场空"演变而来。不懂得拳经的真正意义所在，一味地盲目练习功夫，就算练到老也学无所获。

【说明】

此谚语强调习武要刻苦，要领悟要点。练武不能仅是纸上谈兵，只有通过锲而不舍的练习，才能明白其实际效用，取得实质性进步。说明功夫要勤学多练，并且按照正确的方式和方法，才可能有所成。如果没有学到精髓，没有领悟武术的精神文化所在，那是学不到东西的。

3. 步如弓，立如松，拳如流星，腿如鞭，眼如铜铃，快如闪电

【注释】

弓：射箭或发弹丸的器械。

【释义】

步型似一张弓，站着像挺拔的松树，拳法快的像流星，腿法快如鞭，眼睛睁得很大，很有神气，速度快得像闪电一样。

【说明】

此谚语是武术技法中对于"手法、眼法、身法、步法、精神、呼吸、劲力"的总体要求。"手"要像流星般轻快、敏捷、有力；"眼"要如闪电般明快、锐利；脚被视为身体的"根"，根被移动或拔起则身体必然失去平衡，因此"步法"要像

弓一般稳定有张力。手灵活而快速，眼要随手而动，达到"眼到手到"的境界，身要灵活变化，腿步移动快速。

4. 敦猪人敦猪打

【注释】

敦猪人：是指专门给雌性猪阉割（结扎）的人。

【说明】

过去专门给雌性猪阉割（结扎）的这类人长期行走江湖，也有一套具有自身风格特征的技击动作。

5. 打人一拳，防人一脚

【释义】

打人家一拳去，要防人家一脚来。

【说明】

比武，反应要快，要攻守兼备，密切配合。在实战技击中，进攻是为了取胜，但一味进攻必然会出现防守漏洞，只攻不守不是最佳的进攻方式。以进攻为目的，要始终做好防守，防守本就是为进攻服务，好的防守在保护自己的同时能促成更有效的进攻。两人交手，攻与防瞬息万变，招式、技法、虚实的灵活转换在攻防两端也时常表现为攻即是守，守即是攻。所以须攻防兼备。

6. 打船看船头，打拳看拳头

【释义】

划船，要看船头的方向，打拳，就要看拳头的方向。

【说明】

此谚语强调眼法在武术演练及实战中的重要性。在武术演练中，眼法与手法、身法等协同配合，可增加套路演练的气势及精神。即便行拳走架未达精妙之境，若眼神能炯炯有神、神采奕奕，也会渲染套路的美感，给人以气势磅礴之感。眼法具体包括随视、注视及传神达意。其中，"随视"指目光随自身动作或攻防需要运转；"注视"指视线凝聚成束不移动，亦称"凝视"。同类谚语有"手眼相随，手到眼到"，指武术运动中需要手眼配合。在武术演练中，手与眼的协调配合极为重要，谚语中的"手"不仅指"双手"，也指代其他能用以攻防的人体部位。拳谚云："手眼相跟步随身，眼到手到方为妙。"这样打出的拳方可形神兼备、以意传神，打哪看哪，不能乱打。

7. 打肉误打起波，打人勿打哮喘

【注释】

起波：指的是猪母娘的肉。

哮喘：此处是代表有病的人。

【说明】

吃肉不要吃猪母娘的肉，猪母娘是指生猪仔的猪，肉质大多不好吃；打人不能打有病的人，容易出人命，意指不能欺负弱势群体。此拳谚强调的是对习武者的道德要求，即不可仰仗武力欺凌弱小。

8. 打着只用一拳，讲牢只用一句

【注释】

讲牢：在温州话中是讲对的意思。

【说明】

打拳，要看准时机与目标再出手。瞄准后及时出手，只需要一下便击中目标，表明打拳过程中要集中注意力，做到精准攻击。使得攻击有用有效，即一劲击重、一招制敌的意思。讲对只需要一句，要讲得准，表示说话一针见血，讲到重点，没有废话，直接表达主题。

9. 枫林猫儿出来也会三路拳/东林雄鸡也会三路拳

【注释】

枫林：指的是温州永嘉。

东林：指的是温州龙湾。

【释义】

温州永嘉的猫儿都会三路拳，温州龙湾的雄鸡都会三路拳。

【说明】

表示在温州永嘉和龙湾这个地区，打拳的人非常多，武风很盛，就连猫和雄鸡都会打拳。

10. 公鸡也有三路柴，名闻遐迩。

【注释】

柴：属于温州武术文化中的一种器械。

【释义】
公鸡也会三路柴套路的这件事，已经远近闻名了。
【说明】
表达当时的武风极为盛行，连公鸡都会武术。

11. 打拳老师脚踏西瓜皮

【注释】
西瓜皮：此处是指"失足"的意思。
【说明】
意谓教拳老师也有因不小心而失足的时候。

12. 练会鸡字走，打遍天下无敌手

【注释】
鸡字走：属于南拳中的身法，指模拟斗鸡之形进行练拳。
【释义】
练会鸡行走的步伐，可以打遍天下的对手，无人能敌。

13. 练武三年并五载，就是黄石变成金

【释义】
如果练习武术的时间有个三年五载，就算是黄石也能练成黄金。
【说明】
练习武术不是一步登天的事情，要经过长时间的积累和磨炼技能。武术文化博大精深，认真学习和钻研其中的精神所在，就会收益颇丰。要保持精益求精、持之以恒的态度。拳术的精妙在于拳法的熟能生巧，而功力来自于长期的练习与积淀，这种学习内容与阶段的安排体现了传统武术对于技术精熟的追求，体现了"求精不求多"的思想，只有将技术动作练得精熟才能追求运用，而掌握了运用才能寻求更多的变化，所以长期坚持练习才能出真功夫。

14. 李家垟妲儿会划船，李家垟老鼠会打拳

【释义】
李家垟的孩童会划船，连老鼠都会打拳，形容武风盛行。

【说明】

从清末至民国期间，李家垟全村青少年各自结伙设坛，或请族内行家，或聘外地名师传授拳术。农闲季节，方圆3公里内，夜间行拳吆喝声此起彼落，捉对搬拳者随处可见。相似的谚语有鳌江以南民间流传的"老鼠会打拳，囡儿会划船"。

15. 买卖吞吐学不好，阴阳变化不知道

【注释】

买卖吞吐：指南拳套路中有"出"有"入"，有"放"有"收"的动作。吞吐还指"呼吸""气息"。

阴阳：《易经》中指"刚柔"。

【说明】

练拳时要注意呼吸吐纳，如果气息掌握不好，就练不好拳法的"出""入""放""收"，体会不到刚柔相济的拳理。

16. 男壮皆练武，村村有拳坛

【注释】

拳坛：旧时师父教拳的地方。

【说明】

这句谚语出自平阳，意为每个村都有强壮的男士在拳坛上习武。平阳南拳强调气沉丹田，运气鼓劲。习练时常常双目圆睁，表情肃穆，全身体刚劲粗，整个拳势呈现出刚劲十足的形象，可看出平阳南拳威武雄壮、形神兼备的特点。由此可见在当时平阳这个地方，武风盛行。

17. 瓯渠雄鸡也有三路柴/雄鸡走出有三路拳打

【注释】

瓯渠：瓯渠地处永嘉县城西南，瓯江支流西溪上游，翠流环抱，一水中流。现指温州永嘉。

柴：指器械——棍棒。

【说明】

意喻在瓯渠这个地方，连雄鸡也有武功，意指永嘉地区习武的人非常多，有较好的武风。自古以来，乡人喜爱传统武术运动，时至晚清，瓯渠崇文尚武，武术发展进入鼎盛时期，吴星石、善卿叔侄考取武举人，其余各类生员50余名，有"小少林寺"之称。

18. 拳背肩甲头

【注释】

肩甲头：在温州话里是"肩膀"的意思。

【说明】

比喻习武之人自大自满，做出一副想打人的姿态。

19. 拳头会认人

【注释】

认：辨认，识别。

【说明】

拳头会认人是行教中的一种暗语，是拳教头必学的课题，也是走江湖的经验学问，说明能人智士有先鉴善察之功。由于拳教头是吃江湖饭的，如果没有江湖阅历便不利于识人，不益于在江湖上行走。所以这里是指拳教头有精准的识人能力，才能行走江湖。刚柔拳法行教中有教导，毒手不到不得已之时是不能展示的。如果随便在人前展示，是违背刚柔拳法行教宗旨的。先师有言，功夫不能随便给人看，如果在临战前随便暴露出毒手的前兆，不是给对方警示，而是暴露了自己心机。这也不符合行走江湖的规矩，只会使拳教头等有识之士，对该人产生不良印象。古言道，"真龙不显爪，显爪非真龙"，不知江湖阅历，乱显技能，非真龙也。

20. 拳打拳窝里底

【注释】

拳窝：一层含义指的是胸部空心位置，另一层含义指的是平阳。

【说明】

此语有两种说法，一种是攻击对方的胸部等要害部位来迅速制敌，要求练拳人有精确的判断力；另一种是平阳历史上曾被称为"拳窝"，到平阳打拳，像是在关公面前耍大刀，比喻自不量力。

21. 拳打底火烧恁烧底

【释义】

恁：温州话的意思是指"一样"。

【说明】

其主要为出拳功力猛，被拳头打到的地方顿时像火烧到身体里面去一样。

22. 拳打还怕拳捏不代

【注释】

捏不代：温州话表示"来不及"的意思。

【说明】

表示打拳的时候要淡定从容，在打的过程中再捏都可以，打拳还怕握拳来不及吗？意指在打拳时，并非要在出拳之前就握紧拳头。

23. 拳打打棉花垛里爻

【释义】

拳头打出去，就像打在了棉花里。

【说明】

有两层含义，第一层含义表示对方很厉害，能化解出拳人的拳劲，使出拳人像打在棉花里；第二层含义表示出拳人功力不够，在出拳的时候，并没有效果，拳头像棉花一样软绵绵的，没有力度，没有杀伤力。

24. 拳打岩坦上倒蹦转

【注释】

岩坦：温州话就是岩石的意思。
倒蹦转：温州话就是反弹的意思。

【释义】

拳头打到岩石上又反弹回来。

【说明】

打拳要找对地方，打准，打到位，不然会伤到自己。

25. 拳怕少年壮，棍怕老来郎

【注释】

壮：强壮，体壮。

【说明】

年轻人精力足体能好，抗击打性比较强，故而拳怕少壮。棍怕老来郎，意指年长者经验丰富，而器械搏击又不像拳脚那样需要消耗过多体力，只要躲过第一下就能反击，一旦反击成功则很难将年长者制服。

26. 强中自有强中手，辣蓼还有辣蓼虫

【注释】

辣蓼："辣蓼"是一种植物，有毒，其味辛辣奇苦。

【说明】

前句出自明·罗贯中《三国演义》第十七回，城中贾诩见如此光景，便谓张绣曰："某已知曹操之意矣，今可将计就计而行。"[1]正是强中自有强中手，用诈还逢识诈人。意思是城中贾诩见如此光景，就对张绣说："我已经知道曹操的意思了，现在可以将计就计了。"正所谓强手之中，还有更强的对手；用诡诈之术的人，还会碰到能识破诡诈之术的人。后句来源于乐清方言中的谚语，辣蓼已经是一种很厉害的植物，但依然怕被辣蓼虫咬。意为技艺无止境，不能自满自大，自己的能力技艺再强，这个世界上还是有比自己更强大的人，不能满足于现状。

27. 千变万化桥上手，全凭脚下一条根

【释义】

桥法千变万化，意为手法很多，手法的灵活运用靠的是脚步稳，像是脚下生根。

【说明】

此谚语强调在武术练习过程中，手上的招式能有效有力地发挥，靠的是脚下稳固。中国武术劲力传递的原理是"力起于脚，发于腿，主宰于腰，形于手"。一方面，脚跟抬起，则身体重心不稳，一旦受到对手攻击，就很容易失去平衡；另一方面，脚下虚浮无根则不能发出劲力，进攻对手更是无从谈起，只能处于被动挨打的境地。另外，所谓"步稳如磐石，根固敌难摧"，步的稳固与"根"即脚底的稳固关联紧密，脚实根固是功夫高深的基础。反之，若脚底虚浮无根，则功夫必然不深。

28. 拳无刚劲拳不立，有刚无柔化不止

【释义】

没有刚劲不能成为拳法，只有刚劲没有柔劲无法化解来力。

【说明】

南拳里面"刚柔相济，柔行刚弱""真硬无解"，此谚语解释了刚劲与柔劲的不同作用。"纯刚易折，纯柔显懦""刚柔相济，败敌不难""劲中生劲，刚柔互根"等谚语均阐明了拳术练用唯有刚柔相济，方能有所成。"拳无刚劲拳不立"

---

[1]罗贯中.三国演义[M].长沙：湖南文艺出版社，2022：126.

指出刚劲是拳之所以为拳的一个重要因素，刚劲是衡量个人功力深浅的一个重要标准。"有刚无柔化不走"，即在与人切磋交手时，若拳中无柔劲则无法化解对方来劲，只能以硬碰硬，以力对力，好似"莽汉以拳换拳"，有悖于武术技击攻防所倡导的以柔克刚、以巧胜拙的原理。

29. 臀夹肩塔，身紧眼瞪

【注释】

塔：温州话里是下沉的意思，这里指沉肩的意思。

【说明】

此语指习武者扎马步时屁股要夹牢，双肩要下垂，腰部要紧缩，眼神要放大。

30. 天上雷公，地上正铜

【注释】

雷公：指的是古代中国神话中主管打雷的神。

正铜：黄正铜，功柔鹤法拳传承人，温州著名拳师。

【说明】

神话传说中天上的雷公是一个很厉害的角色，掌管着雷电，给人一种十分严肃的感觉，敬仰之情油然而生。黄正铜犹如雷公一般，尽得高僧毕生之绝艺，取得江南第一"天上雷公法，地下黄正铜"之美称。

31. 未曾学拳先改性，要学忠孝仁义心

【注释】

性：性情，脾气。

【释义】

还没学习拳法就要先修心性，先具备忠孝仁义心。

【说明】

见拳知人，对于达到一定武学境界的习武者而言，其拳术表现基本上取决于其心性情态，即一个人的心性如何，很大程度上决定了其武学修为的最终境界。所以，习武者强调"始练性，后练功"。中国传统文化十分注重君子人格的养成，人之有别于禽兽，就在于做人有做人的道、理、原则、法度和道德底线，就像是"未曾学艺先学礼，未曾习武先明德"的道理。武德，专指以武的行为特征，以仁义为准则的修习武术之人的言行举止、操守准则。武者，止戈也，中国古代师父传艺前会指着武字对弟子讲解，学武之人拿起兵器之前应该先学会放下兵器。弟子应先通

过打杂来锻炼心性，心性稳定后才能正式习武。

32. 相一翻猫儿擂，誉满东瓯

【注释】

东瓯：温州及浙江省南部沿海地区的别称。

猫儿擂：是一个绝招，属于十大拳法之一。

【说明】

铁龙滚江拳谱中，翻身挖式和猫儿擂（倒顺）等招式，已经在温州有了知名度。

33. 学一坛赶出打人，学二坛竟旦打人，学三坛反被人打

【注释】

坛：动词为设坛，意思是老师传授30次为一坛。

【说明】

该谚语分别表示三个学习周期，在第一坛，也就是在学完30节课内容之后，以为自己了不起，到处找人打，急于展示自己的功夫。在第二坛，开始变得淡然自若，不会主动找人打。在第三坛的学习之后，开始变得谦虚，已经达到了较高的武术境界，尽管别人出手打人，自己也不会还手。此谚语描述了一种武术现象，也是对习武者的一种要求。习武之人学习武术多是为了学到"打人"的能力，但真正"学会、学精"武术的人，却不轻易"打人"。因为他们的武术水平已经非常高超，如果打人则伤害较大，需要承担法律责任和受到道德谴责，因此需要以技修德、以武修心，如此方能约束自己的行为。

34. 一张板凳开四门

【注释】

是指南拳器械"板凳花"的招式能打开四个方向。

【说明】

表示打拳时方向要兼顾，前后左右都要顾到。

35. 一条板凳挡三棍

【释义】

一张板凳可以抵挡三根棍子。

【说明】

板凳面积大，击点多，便于抵挡长短兵器。

36. 一打眼砸，二打头破，三打裆破

【注释】

一，二，三：分别指三个招式。

眼，头，裆：分别指三个部位，意在上中下。

【说明】

这三个招式属于南拳拳谱当中"春花鹤"拳法的三个绝招，极为致命。指在攻击对方上中下三盘，眼睛、头部和裆部。

37. 只有酒杯甩过省，"呒冇"拳头打过省

【注释】

呒冇：在温州话中，是"没有"的意思。

【说明】

靠朋友可以走天下，而不是拳头打天下，再厉害的人，在外依然要靠朋友，强调习武者不能惹是生非。一方面，惹是生非者终究不会有好的结果；另一方面，技击是武术的重要功能之一，但习武并不是为了打架滋事，而是要修身养性、以武入道。由此，习武者不能随意出手伤人。许多习武伤人而终受惩治的案例充分说明了"会拳莫打架"的道理，它对习武者行为的约束价值，不仅是在保护普通群众，也是在保护习武者自身。

第三节　温州南拳诗词歌赋及含义

一、温州南拳诗词

诗词一

　　百禽争鸣我为先，唱醒田蛙一起来。
　　众兽汇集旁听时，都谱彩衣音最亮。

　　　　　　　——《温州南拳大成（第二卷）》

诗词二

　　传宗套路越千秋，名震少林堪上流。
　　黑虎掏心拳一击，黄龙摆尾掌双收。

弓平步扎熊狮吼，生死门开鬼魅愁。
今掘非遗扬国粹，遏强扶弱溯源头。

——谢丙礼

诗词三

丁家五祖响青弯，挥掌雷鸣腿带功。
发力刚坚磅礴势，出招快速厉凌风。
田萍市赛蝉联贵，仗义炳云仁厚融。
豪气冲牛多壮志，传衣传武尽英雄。

——王勤福

诗词四

东瓯煮酒话南拳，一脉花开百代传。
惩恶锄奸扶正义，强身健体守良田。
兴亡未改英雄愿，荣辱皆成赤子篇。
历尽沧桑扬国粹，但将肝胆照云天。

——张学智

诗词五

等闲变换出神通，侠骨南拳猎猎风。
板凳翻飞震江海，木杆回转点苍穹。
为强不负三生义，报国当求一世忠。
我辈自承先祖志，舍将热血建新功。

——温飞

诗词六

功夫练到入神时，道如烈火三千度。
哪怕对手钢铁身，一着登时红到底。

——出处不详

诗词七

划船看船头，打拳看拳头。
手是两扇门，全靠脚打门。

——出处不详

诗词八

虎势龙形美绝伦，浙瓯武艺更精神。
弘扬义德承先祖，挖掘文心仗后人。
扶正去邪风飒飒，养生健体味津津。
浩然一曲凌空鹤，情意拳拳天地春。

——王一平

诗词九

唬唬尤闻剑匣中，江山交替说拳风。
几曾赤手惩顽恶，每有比肩匡世穷。
绵密掌形攻寸险，刚柔腰势宰三雄。
藏龙卧虎东瓯地，不晦人文尚武功。

——郭星明

诗词十

李家宗岱驰名久，图计南拳志似鸿。
不尽痴心耗全力，独能一派创深功。
时危每必仗深义，命舛焉教负此衷。
子弟乡邻皆授予，从师习武遂成风。

——雷新华

诗词十一

罗汉睡佛诗曰：
罗汉拳法秘又深，北魏南朝到如今。
名拳出手招式罕，头似波浪目如神。
手变流星劲化箭，身如柳枝脚醉汉。
出淤心灵发于性，刚柔之中难摊真。
似实而虚走穴位，七星卧枕迎门面。
八十二手闯天下，方知睡佛罗汉拳。

——《温州南拳大成（第二卷）》

诗词十二

南拳数派渊源提，各领风骚余剩稀。

昔日五龟为一脉，今朝文化得非遗。
深挖整理继先志，赞叹传承后代齐。
不忘青山日月在，育人尚武化春泥。

——李金存

诗词十三

南流武术自成风，各派相生盖世雄。
倭患清除帮志辅，台湾收复助成功。
域中立万张黑虎，海外扬名李小龙。
今日清平无用武，强身健体意从容。

——姜成昭·新韵

诗词十四

南拳北腿俱情操，访友寻师四海遨。
惟德是馨崇有道，群星璀璨乐陶陶。
东瓯武术出英豪，薪火相传情趣高。
博采众长辉五德，天南地北各占鳌。

——出处不详

诗词十五

瓯乡武术好神奇，最数南拳施展时。
身似游龙惊碧海，动如回雪舞瑶池。
生风生雨咏春醉，无念无形罗汉痴。
玄妙功夫天下誉，喜看国粹续新诗。

——（朱健）

诗词十六

瓯越有南拳，威名震九天。
耳边闻虎啸，溪畔见蛇蜒。
进退刚柔济，浮沉意志坚。
武坛争一席，绝技谱新篇。

——温兴宽

诗词十七

瓯渠武术远扬名，拳艺精湛匹少林。
球相当年曾伏虎，吴家后裔乐传薪。
闻鸡起舞独家早，举手挥刀百廿斤。
妇孺出门三路棒，时将竹筷夹飞蝇。

——谷尚宝

诗词十八

震脚古诗

拳师最怕后来抱，速抓敌裤重身保。
头击印堂敌意乱，一震脚背手无功。

——《温州南拳大成（第二卷）》

诗词十九

戚氏船拳产浙南，提防倭寇报平安。
虎船排作五行阵，壮大军威更客观。

——《温州南拳大成（第二卷）》

诗词二十

千古功夫论派流，南拳一脉始温州。
六朝武举风云事，代代相传从未休。
仗剑江湖松雪眠，温州拾粹话南拳。
东瓯代代出人杰，留下雄风千古传。

——周冬兴

诗词二十一

誓立洪门气势昂，竖旗跨马固金汤。
一花威猛苗家玉，五祖风流十虎藏。
言授经传成壮举，安邦护国效柔刚。
拳坛可喜浙南会，崇武精神扶梓桑。

——王思维

诗词二十二

尚武崇文气浩然，英才辈出赖先贤。
拳坛苦练刀枪术，杏园勤功今古篇。
几代名师留史话，千秋武术为家传。
青龙偃月悠悠舞，激浊扬清德义宣。

——谢圣锋

诗词二十三

少林五祖武功传，仗义行侠头顶天。
誉遍江南明特色，威加海北著名篇。
强身健体当推首，抗敌驱倭竞戍边。
技击轻灵真勇猛，惩邪扶正护坤乾。

——吴九籁·新韵

诗词二十四

握拳未动把窝防，出拳要猛攻躲藏。
来势过猛牵引避，仅用四两千斤亡。
抓手可用爪来过，人身围困莫自慌。

——吴昭铦

诗词二十五

武林享誉几奇葩，自古流传四海家。
五合提神常裂碣，三催降气暗开枷。
拳风到处尘埃起，虎步颤时岚影斜。
莫论一招能制敌，强身健体捉鲸鲨。

——董士熔

诗词二十六

闻昔日武术高超，防以为碧眼虬髯，
客臂怕往猛主手，看今朝神情潇洒，
还当是便帽轻衫，宝剑放在酒家楼。

——陈肇英

诗词二十七

习武强身意志同，明清传自小林宗。
步如板凳形如虎，拳似流星棒似龙。
不计功名长历练，总将胜败两从容。
登堂激荡英雄气，声起丹田响九重。

——张维庚

诗词二十八

一招一式显英姿，以力发声多巧奇。
六步刚柔随进退，腾身进掌若雄狮。
强身健体练南拳，国术弘扬责在肩。
名录非遗今更盛，创新招式重精研。

——唐小英

诗词二十九

渔舟唱晚归来急，陌野笛音飘暮空。
餐后茶余消遣处，庭前墙角戏嘻中。
动如狡兔离弦箭，静若空山挂壁弓。
昔日倭奴祸东海，当时众士断长虫。
原为平淡强身术，即化高昂报国功。
毓秀瓯乡多壮骨，且看赛道浙南风。

——倪孟健

诗词三十

一自农人收稼穑，浙南便属武林乡。
儿时记忆犹如昨，拳棒屯坛晒谷场。
捣臼磨盘丈二柴，一根扁担轶伦侪。
真功修炼十年景，海可倒来山可排。
不寻常态寓寻常，扳转乾坤板凳长。
且喜而今继薪火，一群猛虎起平阳。

——吴毓珅

诗词三十一

意形百变见斑斓，虎猛猿灵咫尺间。
北土方知东海阔，中原忽讶南拳蛮。
武林气节脊能直，岁月峥嵘棍不弯。
俯拾少林南片石，风云一部纪时艰。

——王商杰

诗词三十二

一从南国溯拳宗，呼喝风云侠路逢。
扎马森森蹲黑虎，腾蛇滚滚化青龙。
求师岂止门三顾，惩恶焉辞险万重。
精武健身弘武德，浙闽频见大夫松。

——陈其良

诗词三十三

桩低立有根，内外本相循。
五合心肩眼，三催手步身。
呼声添劲力，引气助形神。
自古南拳地，村村练武人。

——朱凌云

二、南拳歌咏

1.《南拳歌》——演唱：谢龙　作词：张洪国　作曲：张俊

【歌词】

拱手见师礼在先，十趾抓地开神眼，南拳一声吼，精气神磨炼，以气催力威猛又稳健，卧牛之地固步先，驰骋闪腾方寸间，南拳一跺脚，筋骨皮锤炼，换步流星出手疾如电，南拳一发劲豪气直冲天，公平又正义匡扶天下贤，不忘初心勇向前，雄心不会变，南拳天天练，兄弟肩并肩，尚武又崇德，拳理自然严，年复一年功夫见，雄风永不变。

2.《乾隆养生歌》（二十四常）——《温州南拳大成（第二卷）》

头常梳，脸常搓，耳常弹，鼻常捏，眼常转，牙常叩，痰常哈，津常咽，颈常旋，肩常揉，背常挠，腰常动，手常握，腹常摩，脚常洗，肛常提，脑常用，心常宽，面常笑，情常乐，欲常节，肤常摸，肢常动，体常浴。

3. 神奇刚柔——作词：张洪国　作曲：张俊

【歌词】

朗朗乾坤，清新大地，子午端正献师礼，朝阳手长短拳，刚柔拳法先贤立，瓯越子弟深悟拳理，刚柔相济勤研习，猫儿翻砸眼掌，千锤百炼，千锤百炼出绝技，刚柔长青，一派生机，崇文尚武，匡扶正义，刚柔长青，一派生机，啊，啊，匡扶正义，公教黄埔，医惠百姓，刚柔法门，人才济济，德才兼备，广交友谊，刚柔法门，人才济济，啊，啊，广交友谊，吾辈努力，与时俱进，强身健体，自强不息，公道脉正，再创神奇。

4.《五祖南拳》——作词：徐杰　作曲：刘乐权

【歌词】

自古功夫出少林，拳法门派最出名，南拳门派五祖拳，五虎落山威四方，起天庭，落四肢，揭中股，放对联，定子午，分八卦，前关门，后断步，掌有声助力，拳以意为神，气沉丹田，力求顺达，金木水火土五行变化，丁氏五祖传温州，传承各脉四海流，强身健体炼心法，尚武精神传佳话，蛤蟆揭腿，金鱼反水，拉弓射箭，仙人落剪，落地割葱，乌蛇出洞，武松打虎，猴子上树，仙牛出角，将军拖刀，老虎偷心，蛤蟆掉井，天南地北武术魂，南有拳法北有腿，天涯海角武术浪，五祖南拳美名扬。

5. 雄奇风——作词：张洪国　作曲：张俊

【歌词】

雄奇风啊雄奇拳，雄奇风啊雄奇拳，啊　五基雄奇风，苍茫大地，五基开启，林家子弟武林立，出如龙，归似虎，手法多变寸劲技。南来北往，五基兴起，瓯越子弟来传递，抓如鹰，宿如鹤，发声助气桥法艺。五基雄奇，五基雄奇，刚柔相济，外练五功，外练五功，勤研习，吞吐沉浮，来无影。五基雄奇，五基雄奇，匡扶正义，内修五法，内修五法，悟拳礼，攻守隐蔽，去无影。崇文尚武坚定不移，世代相传自强不息，世代相传自强不息。

第四章 温州南拳功法

（内容详见二维码）

第五章　温州南拳拳术套路

温州南拳套路繁多，风格独特，已形成一派多门、一师多法的艺术特点。本章选取流传广泛、特色鲜明的温州南拳各流派拳法，吸收和融合各拳法的精华，创编了温州南拳一、二、三路拳术套路，此三套拳开始几势都有温州南拳"礼拳"特色，完整技术动作由易到难，由简到繁，按照初级、中级、高级递增编排而成。

第一节　温州南拳一路

温州南拳一路，吸收温州南拳各主要流派基础拳法特点之精华创编而成，体现温州传统南拳基础套路技术风格，适合初学者习练。此拳特点：动作简易，以礼为先，拳打直线，步法稳健，刚柔并济，特色鲜明，力求成为今后温州南拳的初级基础套路。

1. 预备势

动作说明：左脚在前，右脚在后，向右45°侧身自然开立，与肩同宽；两掌位于大腿两侧，掌心朝下；目视前方。（图5-1-1）

要点：两肩自然放松，身体侧身站立。

图5-1-1

2. 十字绞手

动作说明：两手成十字交叉于胸前，两掌掌心朝向两侧；左脚掌着地，左右脚成虚步站立；目视前方。（图5-1-2）

要点：两肩自然放松，虚步平稳，身体重心坐于后脚。

图5-1-2

3. 达摩献礼

图5-1-3

动作说明：右脚上步，左脚随即跟上成虚步站立；两掌向前成拱手，左掌掌根压在右拳食、中指缝间，力要催出；目视前方。（图5-1-3）

要点：虚步平稳，身体重心坐于后脚，拳掌有力。

4. 玉女托盘

动作说明：虚步不动；两掌分开掌心向上，两肘夹紧；目视前方。（图5-1-4）

要点：沉肩沉肘，虚步平稳，身体重心坐于后脚。

图5-1-4

5. 金鸡归窝

动作说明：两手同时下按于前腿两侧，重心位于后脚，身体起身后退两步自然站立；目视前方。（图5-1-5）

要点：掌心向下，自然回归于站立姿势。

图5-1-5

6. 三盘落地

动作说明：左右脚先后抬起落地成马步，两脚脚尖正向前方；两掌分于大腿两侧；目视前方。（图5-1-6）

要点：两掌心向下，沉肩沉肘。

图5-1-6

7. 千斤闸门

动作说明：马步不动；两掌先上托再用力向下按于两腿内侧，掌心向下，两指尖相对；目视前方。（图5-1-7）

要点：沉肩，两臂伸直，重心下沉。

图5-1-7

8. 怀中抱月

动作说明：马步不动；两手向外同时划弧再交叉怀抱于胸前，两拳掌心朝里；目视前方。（图5-1-8）

要点：沉肩沉肘，身体重心下沉。

图5-1-8

图5-1-9

9. 大鹏展翅

动作说明：马步不动；两掌向身体两侧推开，掌心向外；头向右转目视右掌，同时发声。（图5-1-9）

要点：腰身不动，重心下沉。

10. 罗汉套手

动作说明：右脚向前上步，成箭头马步姿势，右掌变拳由下向上掏拳，右臂半屈肘下垂，拳心向里；左掌变拳收于左腰间，拳心向上；目视前方。（图5-1-10）

要点：身体平稳，重心下沉，双腿膝盖成箭头马步坐势。

图5-1-10

11. 黑虎偷心

动作说明：箭头马步不动；左拳向前冲拳，拳心朝下，与肩同高；右拳收于右侧腰间；目视左冲拳，同时发声。（图5-1-11）

要点：沉肩冲拳，力发于脚，动作连贯。

图5-1-11

12. 仙人击棍

动作说明：箭头马步不动；左臂屈肘下沉，左拳绕向前成左格挡姿势，拳心向里；右拳藏于腰间不变；目视前方。（图5-1-12）

要点：沉肩沉肘，身体平稳下沉，动作连贯。

图5-1-12

13. 雷公发火

动作说明：右脚上前一步，左脚向前跟一步；右拳向前冲拳，拳心朝下；左拳回收于左侧腰间，拳心向上；目视前方。（图5-1-13）

要点：右手要有劲力地冲拳，直击于胸口高度，动作连贯。

图5-1-13

14. 乌龙下海

动作说明：箭头马步不动；右拳向下冲拳；目视前方。（图5-1-14）

要点：右手向下砸拳有力，动作连贯，身体挺直。

图5-1-14

图5-1-15

15. 双龙出海

动作说明：箭头马步不动；两拳先回收于腰间，再从腰间向前打出去，拳心朝下；目视前方，同时发声。（图5-1-15）

要点：两拳冲拳有力，动作连贯，身体挺直。

16. 猛虎推山

动作说明：箭头马步不动；两拳变掌，先回收于腰间，再从腰间同时推出，掌心正向前；目视前方，同时发声。（图5-1-16）

要点：两手推掌有力，动作连贯，身体挺直。

图5-1-16

17. 金刀劈竹

动作说明：箭头马步不动；先右掌向左边劈掌，掌心向上，左掌回收向下按，掌心向下，再左掌向右边劈掌，右掌回收向下按。（图5-1-17、图5-1-18）

要点：左右两边劈掌，身体挺直，动作连贯。

图5-1-17　　　　　　　　　　图5-1-18

18. 追风赶月

动作说明：右脚上前一步，左脚向前跟一步；先右掌向前推掌，掌心向前，左掌回收于腰间，再左右连续推三掌。（图5-1-19~图5-1-21）

要点：两掌向前连续有力推出，动作连贯，身体挺直。

图5-1-19　　　　　　图5-1-20　　　　　　图5-1-21

19. 丹凤朝阳

动作说明：身体向左后转身，左脚收于身体正前方，成虚步，重心后坐于右脚上；右掌变拳收于腰间，拳心朝上；左手屈肘立掌，掌心朝外；目视前方。（图5-1-22）

要点：左手立掌，右手收于腰间，虚步虚实分明，动作连贯。

图5-1-22　　　　图5-1-22正面

20. 黑虎偷心

动作说明：左脚踏实，右脚向前踩一步，左脚再向前迈一小步成马步；左掌变为拳收立于腰间，拳心朝上；右拳从腰间向正前方冲拳，拳心朝下，与肩同高；目视右拳，同时发声。（图5-1-23）

要点：沉肩冲拳，力发于脚，动作连贯。

图5-1-23

21. 仙人击棍

动作说明：马步不动；右臂屈肘下沉，右拳绕向前成右格挡姿势，拳心向里；左拳藏于腰间不变。（图5-1-24）

要点：沉肩沉肘，身体平稳下沉，动作连贯。

图5-1-24

22. 黑虎偷心

动作说明： 左脚向后退一步，右脚向前一步成右脚在前的箭头马步姿势；右拳收于腰间；左拳向前冲拳，拳心向下，与肩同高；目视左拳，同时发声。（图5-1-25）

要点： 沉肩冲拳，力发于脚，动作连贯。

图5-1-25

图5-1-25正面

23. 仙人击棍

动作说明： 箭头马步不动；左臂屈肘下沉，左拳绕向前成左格挡姿势，拳心向里；右拳收于腰间不变；目视前方。（图5-1-26）

要点： 沉肩沉肘，身体平稳下沉，动作连贯。

图5-1-26

图5-1-26正面

24. 雷公发火

动作说明：右脚上前一步，左脚向前跟一步；右拳向前冲拳，拳心朝下；左拳回收于左侧腰间，拳心向上。（图5-1-27）

要点：右手冲拳劲力顺达，直打于胸口高度，动作连贯。

图5-1-27

图5-1-27正面

25. 乌龙下海

动作说明：箭头马步不动；右拳向下冲拳；目视前方。（图5-1-28）

要点：右手向下砸拳有力，动作连贯，身体挺直。

图5-1-28

图5-1-28正面

26. 双龙出海

动作说明：箭头马步不动；双拳先回收于腰间，再从腰间向前冲双拳，拳心向下；目视前方，同时发声。（图5-1-29）

要点：两拳冲拳有力，动作连贯，身体挺直。

图5-1-29

27. 猛虎推山

动作说明：箭头马步不动；两拳变掌，先回收于腰间，再从腰间同时推出，掌心正向前；目视前方，同时发声。（图5-1-30）

要点：两手用力推掌，动作连贯，身体挺直。

图5-1-30　　　　　　　图5-1-30正面

28. 金刀劈竹

动作说明：箭头马步不动；先右掌向左边劈掌，掌心朝上；左掌回收向下按，掌心朝下。再左掌向右边劈掌，右掌回收向下按；目视前方。（图5-1-31、图5-1-32）

要点：左右两边劈掌，身体挺直，动作连贯。

图5-1-31

图5-1-31正面

图5-1-32

图5-1-32正面

29. 追风赶月

动作说明：右脚上前一步，左脚向前跟一步；先右掌向前推掌，掌心向前；左掌回收于腰间；目视前方。左右推掌连续做三次。（图5-1-33~图5-1-35）

要点：两掌向前连续有力地推出，动作连贯，身体挺直。

图5-1-33

图5-1-33正面

图5-1-34

图5-1-34正面

图5-1-35

图5-1-35正面

30. 丹凤朝阳

动作说明：左转身，左脚收于正前方，重心后坐于右脚，脚掌点地成虚步；右掌变拳收于腰间，拳心朝上；左手屈肘立掌，掌心朝外；目视前方。（图5-1-36）

要点：左手立掌，右手收于腰间，虚步虚实分明，动作连贯。

图5-1-36

31. 落地打虎

图5-1-37

动作说明：左脚上提后起身落地，右脚跳起腾空落地成跪膝姿势；右拳向下冲拳；左掌收于右肩处；目视冲拳方向，同时发声。（图5-1-37）

要点：右手冲拳有力，动作起身落地连贯一气呵成。

32. 拨云望月

动作说明：右脚起身后退一步，左脚向前上一步，成左脚在前、右脚在后的箭头马步姿势；右拳变掌收于右侧腰间；左手收于左侧腰间；目视前方。（图5-1-38）

要点：箭头马步平稳，身体挺直，动作连贯。

图5-1-38

33. 达摩见礼

动作说明： 箭头马步不动；两手收于胸前约30厘米处，右拳拳心向下，左手立掌，掌心贴于右手拳峰上，两臂屈臂沉肘；目视前方。（图5-1-39）

要点： 箭头马步平稳，身体挺直。

图5-1-39

图5-1-40

34. 玉女托盘

动作说明： 箭头马步不动；右拳变掌，两掌分开，掌心向上，两肘夹紧；目视前方。（图5-1-40）

要点： 沉肩沉肘，箭头马步平稳，身体挺直。

35. 金鸡归窝

动作说明： 箭头马步不动；两手同时下按于前腿两侧。（图5-1-41）

要点： 掌心向下，箭头马步平稳，身体挺直。

图5-1-41

36. 收势

动作说明：左脚后退一步，左右脚成并步立正姿势，身体转正；两掌紧贴于大腿两侧；目视前方，敬抱拳礼。（图5-1-42~图5-1-44）

要点：双肩平稳，身体挺直站立。

图5-1-42

图5-1-43　　　　　　　　　　　　图5-1-44

（温州南拳一路拳演练示范者：赵显品）

第二节　温州南拳二路

温州南拳二路，是在温州南拳刚柔法中四门基础上，吸收温州南拳其他流派的精华创编而成。此拳特点：以礼为先，拳打四门，步马稳固，手法多变，指东打西，环环相扣，上下阴阳，拳掌连击，刚柔相济，快慢相间，蓄势发力，柔行刚落，内外兼修，特色鲜明，力求成为今后温州南拳的中级套路。

1. 预备势

动作说明：立正，两脚分开与肩同宽，左脚在前，右脚在后，侧身对前，重心在人的中线；两手自然下垂，屈腕按掌；目视前方。（图5-2-1）

要点：侧身而立，正身安定，气沉丹田，沉肩撑裆。

图5-2-1

图5-2-2

2. 十字绞手

动作说明：右脚后坐，成虚步站立；双手立掌成十字手，向里绞击，右手在外；目视前方。（图5-2-2）

要点：重心后坐，沉胯吊足，两手交叉，力达前臂。

3. 达摩献礼

动作说明：右脚上步，左脚随即跟上，成虚步站立；右拳左掌向前成拱手，左掌掌根压在右拳食、中指缝间，力要催出；目视前方。（图5-2-3）

要点：重心后坐，拳掌有力，三尖（鼻尖、脚尖、指尖）一线。

图5-2-3

图5-2-4

4. 玉女托盘

动作说明：下盘不变；右拳变掌，双掌稍收回，随即向前上方托出，力达掌根；目视前方。（图5-2-4）

要点：重心后坐，两掌平肩，力达掌根。

5. 丹凤朝阳

动作说明：下盘不变；左掌从右手肘下往左前方格出，成左朝阳手；右掌收回右腰处。躯干侧对前方；目视前方。（图5-2-5）

要点：重心后坐，掌指平肩，力达掌沿，三尖一线。

图5-2-5

6. 黑虎掏心

动作说明：左脚后撤半步，右脚随即后撤成左半四平马；左手拉回腰间，由掌变拳；右手向前方冲拳，力达拳面；目视前方。（图5-2-6）

要点：以腰带身，两手对拉，力达拳面，沉腰坐胯。

图5-2-6

图5-2-7

7. 灵猴护脑

动作说明：下盘不变；右拳屈肘往右脑边外格；左拳沿身体左侧下格；目视前方。（图5-2-7）

要点：上下对拉，力达前臂，上不过顶，下不过裆。

8. 猛虎下山

动作说明：下盘不变；左拳变掌收回右胸前；右手变掌往身前下方砍出；目视前方。（图5-2-8）

要点：以腰带身，下砍有力，力达掌根，沉腰坐胯。

图5-2-8

9. 丹凤朝阳

动作说明：身体左转90°，左脚后撤半步，右脚往左移步至与左脚平行，成四平马，身向左侧；左掌从右肘下往左前方格出，成左朝阳手；右手握拳收回右腰处；目视前方（图5-2-9）

要点：重心后坐，掌指平肩，力达掌沿，三尖一线。

图5-2-9

图5-2-10

10. 黑虎掏心

动作说明：下盘不变；左手变拳收回腰部；右手向前方冲拳，力达拳面；目视前方。（图5-2-10）

要点：以腰带身，两手对拉，力达拳面，沉腰坐胯。

11. 罗汉渡江

动作说明：身体右转90°，右脚往右方迈出，左脚原地跟上，成右半四平马；同时右手握拳往右方格出。（图5-2-11）

要点：以腰带身，上下相随，右拳平肩，力达前臂。

图5-2-11

12. 雷公发火

动作说明：下盘不变；右拳迅速拉回腰部；左手顺势向前方冲拳；目视前方。（图5-2-12）

要点：腰部发力，出拳对拉，力达拳面，沉腰坐胯。

图5-2-12

13. 红日争山

动作说明：右脚上半步，左脚随即跟上半步仍成右半四平马；右手回收于腰间；左手向正前方勾击；目视左拳。（图5-2-13）

要点：上下相随，发劲短促，力达拳面，沉腰坐胯。

图5-2-13

14. 和尚托钵

动作说明：右脚后退一步，左脚随即上前一步，成半四平马；左拳往前上方击出；目视左拳。（图5-2-14）

要点：换步转灵，重心平衡，两手对拉，力达拳面，肘膝相对。

图5-2-14

15. 黑虎掏心

动作说明：下盘不变；左拳收回腰部；右手向前方冲拳；目视前方。（图5-2-15）

要点：以腰带身，两手对拉，力达拳面，沉腰坐胯。

图5-2-15

图5-2-16

16. 凤凰撒翼

动作说明：下盘不变；两手在右胸前成十字手，随后前后分掌击出，前掌平颈，后掌平胯；目视前掌。（图5-2-16）

要点：两手交互，前后对拉，迅速击打，力达掌根。

17. 金刀劈竹

动作说明：下盘不变；左掌收回腰部；右掌向胸前砍出；目视右掌。（图5-2-17）

要点：收腰带身，手略高于肩，砍掌迅猛，力达掌根。

图5-2-17

18. 二虎争雄

动作说明：身往右转90°，右脚后撤，震脚，左脚向左前一步，成左半四平马；两手成拳由胸前先成十字手，双分手后收回腰间，再向身体前方冲出，牙齿咬紧，鼻子哼气；目视前方。（图5-2-18、图5-2-19）

要点：腰部发力，两手甩出，力达拳面，两手平肩。

图5-2-18　　　　图5-2-19

19. 双擒八卦

动作说明：下盘不变；两拳变掌再变拳尽力抓回，内收成双擒；目视前方。（图5-2-20）

要点：内拉有力，劲力饱满，两手平肩，气沉丹田。

图5-2-20

20. 双虎下山

动作说明：下盘不变；两拳由胸前往右后方下砸，两拳放于右腿两侧；目视双拳。（图5-2-21）

要点：以腰带身，下砸有力，力达拳面，沉腰坐胯。

图5-2-21

21. 阴阳两掌

动作说明：下盘不变；两拳变掌向左侧做双击掌，掌刀向外，左掌与肩平，右掌在裆部，随即两掌再向右方做双击掌，掌刀向外，右掌与肩平，左掌在裆部；目随手走。（图5-2-22、图5-2-23）

要点：以腰带身，发劲迅猛，左右对称，两手平肩。

图5-2-22　　　　图5-2-23　　　　图5-2-23正面

22. 迎面双锤

动作说明：下盘不变；两掌变拳稍收回，随即向前方击出，拳面朝外，右拳稍高；目视右拳。（图5-2-24）

要点：以腰带身，发劲短促，沉腰坐马，力达拳背。

图5-2-24　　　　图5-2-24正面

23. 连环三掌

动作说明：左脚上半步，右脚随即跟上，仍成右半四平马；两手成标指向前插出，随即再左右掌连击；目视前方。（图5-2-25）

要点：上步迅捷，连击快速，力达指尖，左右相随。

图5-2-25

24. 猫儿洗脸

动作说明：左脚上半步，右脚随即跟上，仍成右半四平马；左手沿顺时针方向，右手沿逆时针方向，先后在胸前做刁拦；目视前方。（图5-2-26）

要点：重心保持稳定，上下协调，气沉丹田，沉肩撑裆。

图5-2-26

图5-2-26正面

25. 五龙撞碑

动作说明：下盘不变；右手在胸前搂格，停于右膝外侧；同时左掌向前推出；目视前方。（图5-2-27）

要点：右搂左推，上下相随，力达掌根，掌指平肩。

图5-2-27

图5-2-27正面

图5-2-28

26. 顶心靠肘

动作说明：左右脚先后跳起，身体跃起180°转身，落地成四平马；右肘向左击出；目视右肘部。（图5-2-28）

要点：起跳轻灵，落地稳定，以腰带身，力达前臂。

27. 大鹏展翅

动作说明：下盘不变；两手先在胸前成十字手再往两边分开击出；目视前方。（图5-2-29）

要点：以腰带身，两手对拉平肩，力达掌根。

图5-2-29

28.十字绞手

动作说明：左脚不变，右脚往前上半步变右吊马；两拳成十字，向里绞击，右手在外；目视前方。（图5-2-30）

要点：重心后坐，沉胯吊足，两手交叉，力达前臂。

图5-2-30

图5-2-31　　　图5-2-32

29.二虎争雄

动作说明：上动不停，右脚往后退半步，左脚往前上一步，成左半四平马。两拳收回腰间，再双分手，向身体前方冲出；牙齿咬紧，鼻子哼气；目视前方。（图5-2-31、图5-2-32）

要点：腰部发力，两手甩出，力达拳面，两手平肩。

30.双擒八卦

动作说明：下盘不变；两手同时向前方伸出，尽力内收成双擒；目视前方。（图5-2-33）

要点：内拉有力，劲力饱满，两手平肩，力达前臂。

图5-2-33

31. 双刀劈竹

动作说明：下盘不变；两掌由胸前往右后方下劈至右腿两侧；目视两掌。（图5-2-34）

要点：以腰带身，下劈有力，力达掌根，沉腰坐胯。

图5-2-34

图5-2-35

32. 猛虎推山

动作说明：下盘不变；两掌由后向左前推出，立掌于胸前；目视前方。（图5-2-35）

要点：以腰带身，两掌平推，力达掌根，两手平肩。

33. 顺手牵羊

动作说明：下盘不变，两掌同时向右前方推出，左掌心向上，右掌心向下；目视前方。（图5-2-36）

要点：以腰带身，两掌同步，右带左引，力达指尖。

图5-2-36

34. 单擒八卦

动作说明：下盘不变；两手同时由前方变拳，内收成单擒，左拳收于腰间，右拳立于胸前；目视右拳。（图5-2-37）

要点：内拉有力，劲力十足，上手平肩，下手齐腰。

图5-2-37

35. 连环三拳

动作说明：左脚上半步，右脚跟上半步，仍成右半四平马；两手在胸前交替，出击三拳；目视前方。（图5-2-38~图5-2-40）

要点：上步迅捷，落地稳固，以腰带身，力达拳面。

图5-2-38　　　　　图5-2-39　　　　　图5-2-40

36. 腾身打虎

动作说明：左右脚先后跳起，落地后成跪膝姿势；左拳护胸；右拳往下砸出；目视右拳。（图5-2-41）

要点：起跳轻灵，身向下压，两手对拉，力达拳面。

图5-2-41

37. 达摩献礼

动作说明：右左脚先后跳起，落地起身成左半高马步；两手顺势收回腰部，随即右拳左掌向前做拱手礼，左掌立掌，掌根压在右拳食、中指缝间，力要催出；目视前方。（图5-2-42）

要点：起跳轻灵，落地平稳，拳掌有力，三尖一线。

图5-2-42

38. 丹凤朝阳

动作说明：左脚后撤一步，右脚往左前跨出一步，脚尖内转，成四平马；右手立掌从左肘下往右前方格出，成右朝阳手；左手握拳收回左腰处；目视前方。（图5-2-43）

要点：掌指平肩，力达掌沿，三尖一线，肘膝相对。

图5-2-43

39. 三盘落地

动作说明：下盘不变；两手沿身体两侧按下，分别撑于两膝旁，掌心向下，四指向前，掌心微含；目视前方。（图5-2-44）

要点：上虚下实，立身中正，周身紧凑，掌心内含。

图5-2-44

40. 收势

动作说明：右脚后撤一步，身体右转90°，两脚平行，与肩同宽；两手分别收于腿侧；目视前方。再并左脚；右掌变拳，左掌附于右拳上，两手于胸前呈抱拳礼。（图5-2-45、图5-2-46）

要点：正身安定，气沉丹田，侧身而立，气定神闲。

图5-2-45

图5-2-46

（温州南拳二路拳演练示范者：张洪国）

第三节　温州南拳三路

温州南拳三路，是在温州南拳体系中刚柔虎鹤法的战拳类套路基础上，吸收温州南拳其他流派的精华创编而成。此拳特点：以礼为先，步法稳健，手法多变，技法全面，刚柔相济，神形兼备，快慢相间，且具有一定技术难度。

1. 预备势

动作说明：左脚在前，右脚在后，向右45°侧身站立，两脚分开与肩同宽，重心在人的中线；两手自然下垂，屈腕按掌；目视前方。（图5-3-1）

要点：侧身而立，正身安定，气沉丹田，沉肩撑裆。

图5-3-1

2. 十字绞手

图5-3-2

动作说明：两手成十字交叉于胸前，两掌掌心朝向两侧；左脚脚掌着地，脚跟提起，成虚步站立；目视前方。（图5-3-2）

要点：重心后坐，沉胯吊足，两手交叉，力达前臂。

3. 达摩献礼

动作说明：右脚上步，左脚随即跟上，成左吊马；右拳左掌向前成拱手，左掌掌根压在右拳食、中指缝间，力要催出；目视前方。（图5-3-3）

要点：重心后坐，拳掌有力，三尖（鼻尖、脚尖、指尖）一线。

图5-3-3

图5-3-4

4. 玉女托盘

动作说明：下盘不变；两掌稍收回，随即向前上方托出，力达掌根；目视前方。（图5-3-4）

要点：重心后坐，两掌平肩，力达掌根。

5. 丹凤朝阳

动作说明：下盘不变；左掌从右肘下往左前方格出，成左朝阳手；右手握拳收回右腰处；躯干侧对前方；目视前方。（图5-3-5）

要点：重心后坐，掌指平肩，力达掌沿，三尖一线。

图5-3-5

6. 三盘落地

动作说明：左脚后撤，右脚随即后撤，左脚再撤至与右脚平，两腿下坐成四平马；两手自然撑在两膝盖旁，拇指在后，四指在前，掌心微含；目视前方。（图5-3-6）

要点：上虚下实，立身中正，周身紧凑，掌心内含。

图5-3-6

图5-3-7

7. 童子见师

动作说明：马步不变；两手贴身上抬至肋旁，身体微侧向右前方；同时吸气；目视右前方。（图5-3-7）

要点：两掌贴身，身体微侧，沉腰坐马。

8. 千斤闸门

动作说明：上动不停，马步不变；两手翻掌由胸向腹部按下，停在丹田前方，屈肘；目视前方。（图5-3-8）

要点：沉气入腹，两掌按压，力达掌心，脱肩团胛。

图5-3-8

9. 开门迎盗

动作说明：下盘不变；两掌向胸正前方分开，力达外臂；目视前方。（图5-3-9）

要点：摇身骏胛，力达外臂，两掌平肩，上大下小。

图5-3-9

10. 武松脱铐

动作说明：两手合掌。左腿支撑，右腿提起顶膝；同时两手沿右膝两侧拉下，成金鸡独立式；目视前方。（图5-3-10、图5-3-11）

要点：重心平稳，收胯顶膝，两手下压，上下对拉。

图5-3-10　　图5-3-11

11. 二虎争雄

动作说明：上动不停，左脚往前方迈出，成左半四平马；两手成拳由胸前先成十字手，再双分手收回腰间，向身体前方冲出；牙齿咬紧，鼻子哼气；目视前方。（图5-3-12、图5-3-13）

要点：腰部发力，两手甩出，力达拳面，两手平肩。

图5-3-12　　图5-3-13

12. 丹凤朝阳

动作说明：右脚后撤，左脚往前跨出，脚尖内转，成左半四平马；左手立掌从右肘下往左前方格出，成左朝阳手；右手握拳收回右腰；躯干侧对前方；目视前方。（图5-3-14）

要点：掌指平肩，力达掌沿，三尖一线，肘膝相对。

图5-3-14

13. 连环三拳

动作说明：下盘不变；右、左手连续三次向前冲拳，力起丹田，开声助威；目视前方。（图5-3-15~图5-3-17）

要点：以气催力，以声助威，连环进击，力达拳面。

图5-3-15

图5-3-16

图5-3-17

14. 凤凰撒翼

动作说明：下盘不变；两手在右胸前成十字手，随后前后分掌击出，前掌平颈，后掌平胯；目视前掌。（图5-3-18、图5-3-19）

要点：两手交互，前后对拉，右刁左砍，力达掌根。

图5-3-18　　　　图5-3-19

15. 罗汉腾手

动作说明：左腿支撑，右脚向前下方踹出；左手成拳按压；右手成勾掌往上方击出；目视前方。（图5-3-20）

要点：重心平稳，踹腿至膝，力达拳面，上下同步。

图5-3-20

16. 金鸡啄谷

动作说明：右脚后撤成左半四平马；两手变鹤嘴手，左手下压，右手在左手上方向前啄出；目视前方。（图5-3-21）

要点：下压上啄，力达指尖，左右同步，上不过眉。

图5-3-21

17. 金钩套索

动作说明：后脚上步成右半四平马；右肘往正前上方顶出；左手收于腰间；目视肘尖。（图5-3-22）

要点：震脚助力，前后对拉，力达肘尖，肘膝相对。

图5-3-22

18. 罗汉撞钟

动作说明：右脚后撤，身朝右侧，成马步，左手成掌抵于右拳面，右肘往右侧顶出；目视右肘。（图5-3-23）

要点：转身迅捷，力达肘尖，两手平肩，肘膝相对。

图5-3-23　　　图5-3-23正面

19. 横扫千军

动作说明：左右脚先后跳起，转身跳跃180°，成左弓步；左掌抵于右拳面，右肘往胸前击出；目视右肘。（图5-3-24）

要点：拧腰坐胯，力达肘背，沉肩拍击，左足撑地。

图5-3-24　　　图5-3-24正面

20. 大鹏展翅

动作说明：身体回正成马步；两掌向身体两侧分开成一字；目视前方。（图5-3-25）

要点：两手对拉，力达掌心，沉肩坐胯，上下呼应。

图5-3-25　　　　　　　图5-3-25正面

21. 金刀劈竹

动作说明：下盘不变；左掌收回左腰处；右掌向前砍掌，力达掌沿；目视前方。（图5-3-26）

要点：以腰带身，手略高肩，掌击迅猛，力达掌根。

图5-3-26　　　　　　　图5-3-26正面

22. 仙鹤舞翼

动作说明：身向右转，左脚内转45°，右脚转向右前方，成右吊马；同时右手下格，再两手交叉（过程中右手上左手下），在胸前成鹤翼手；目视前方。（图5-3-27~图5-3-29）

要点：重心后坐，摇身骏胛，两手平肩，力达双腕。

图5-3-27　　　　　　　图5-3-28　　　　　　　图5-3-29

23. 猿猴荡枝

动作说明：两手手型不变，在胸前左侧做逆时针绕环，置于胸前左侧；同时双脚先后往前方纵出，成右半四平马；目随手走。（图5-3-30~图5-3-32）

要点：两手同步，上下相随，柔中带刚，进步轻灵。

图5-3-30　　　　　　　图5-3-31　　　　　　　图5-3-32

24. 五龙撞碑

动作说明：右掌在胸前搂格，停于右膝外侧；同时左掌向前推出；目视前方。（图5-3-33）

要点：右搂左推，上下相随，力达掌根，掌指平肩。

图5-3-33

25. 飞龙过江

动作说明：右脚上半步，左右脚先后跃起腾空，左腿外摆，右腿内旋，左掌击右脚内侧；目视右脚。（图5-3-34、图5-3-35）

要点：腾空有力，击响有声，力达脚内侧，动作协调。

图5-3-34　　　　图5-3-34正面

图5-3-35　　　　图5-3-35正面

26. 落地打虎

动作说明：落地后左腿屈膝，右膝跪地，成右倒马；左手护右胸前；右手成拳向下砸出；目视右拳。（图5-3-36）

要点：身体下压，力达拳面，左右相随。

图5-3-36

27. 和尚托钵

动作说明：起身，右脚上步，左脚跟上，成右半四平马；左右手成拳，右拳沿左肘上方向正前方勾出；目视右拳。（图5-3-37）

要点：起身迅捷，两手对拉，力达拳面，肘膝相对。

图5-3-37

28. 仙鹤伸颈

动作说明：左右脚起跳换腿成左半四平马；左右手变鹤嘴手，右手在胸前勾回收于右腰处；左手在胸前方向上顶出，力达腕背；目视左手。（图5-3-38）

要点：左右交互，上下相随，力达腕背，肘膝相对。

图5-3-38

29. 海底捞月

动作说明：下盘不变；左右鹤手交叉，左手在胸前勾回左腰侧；右手向正前方勾出，力达指尖；目视右手。（图5-3-39）

要点：两手交互，左勾右撩，力达指尖，手不过肩。

图5-3-39

图5-3-40

30. 华佗接骨

动作说明：下盘不变；右鹤嘴手在右胸前往下勾出；左鹤嘴手在左胸前往左方勾出，两手交互进行；目视左手。（图5-3-40）

要点：两手交互，左右对拉，左刁右拉，力达手腕。

31. 仙鹤转身

动作说明：左脚内转45°，右脚往右后方转出，身体亦后转，成左吊马；右手往下格出，随即两手在胸前交互（过程中右手在上左手在下），成鹤翼手，立于胸前；目视前方。（图5-3-41~图5-3-44）

要点：转身轻灵，上下相随，以腰带身，摇身骏胛。

图5-3-41

图5-3-42　　　　　　　　图5-3-42正面

图5-3-43　　　　　　　　图5-3-43正面

图5-3-44　　　　　　　　图5-3-44正面

32. 猫儿翻身

动作说明：右手下垂，左手护于右胸前，身向前屈，随即右肩落地向正前方滚出，成抢背式。起身双手勾手，虚步站立；目视前方。（图5-3-45~图5-3-47）

要点：身体蜷曲，团身前翻，动作迅捷，起身轻灵。

图5-3-45

图5-3-45正面

图5-3-46

图5-3-46侧面

图5-3-47

图5-3-47正面

图5-3-47侧面

33. 二龙抢珠

动作说明：立定后随即向前方微跳起，落地成右半四平马；右手双指向前插出；左手握拳置腰间；目视双指。（图5-3-48）

要点：跃起轻灵，落地平稳，力达指尖，指尖对眼。

图5-3-48

图5-3-48正面

34. 拦腰拷打

动作说明：下盘不变；右手成掌，左手握住右手腕往腹部内拉；目视前方。（图5-3-49）

要点：两手缠绕，内拉有力，沉气入腹，发劲短促。

图5-3-49

图5-3-49正面1

图5-3-49正面2

35. 双擒八卦

动作说明：下盘不变；两手同时向前方伸出，两掌变拳内收成双擒；目视右拳。（图5-3-50）

要点：内拉有力，劲力十足，上手平肩，下手齐胸。

图5-3-50

图5-3-50正面

36. 乌鸦开翼

动作说明：左脚往左前方上半步，成左半四平马；左右手立掌在身右侧，左掌平肩，右掌放于腹前；目视右掌。（图5-3-51）

要点：左右长短手，右高左低，肘膝相对，力达掌根。

图5-3-51

图5-3-51正面

37. 雷盘云手

动作说明：左手逆时针方向、右手顺时针方向同时往外划圆；目随上手。（图5-3-52）

要点：左右协调，力达掌根，上不过顶，下不过裆。

图5-3-52

图5-3-52右侧

38. 丹凤朝阳

动作说明：转身朝后，下盘变左吊马；左掌在身前成左朝阳手；右手握拳收回右腰处。躯干侧对前方；目视前方。（图5-3-53）

要点：重心后坐，掌指平肩，力达掌沿，三尖一线。

图5-3-53

图5-3-53背面

39. 黑虎掏心

动作说明：震脚上步成左半四平马；左手收回腰部；右手向前方冲拳，力达拳面；目视前方。（图5-3-54）

要点：震脚有力，力达脚掌，出拳对拉，力达拳面。

图5-3-54

40. 红日争山

动作说明：下盘不变；左手不变；右手向正前方做勾拳；目视右拳。（图5-3-55）

要点：腰部发力，发劲短促，力达拳面，沉腰坐胯。

图5-3-55　　　　　　　图5-3-55背面

41. 雷公发火

动作说明：左脚后撤半步，右脚上前半步，成右半四平马；右手迅速拉回腰部；左手顺势向前方冲拳，力达拳面；目视前方。（图5-3-56）

要点：腰部发力，出拳对拉，力达拳面，沉腰坐胯。

图5-3-56　　　图5-3-56背面

42. 关公扫地

动作说明：左脚支撑，右脚往左侧做勾踢；同时两手成掌，由左侧向右下方下拉；目随腿势。（图5-3-57）

要点：重心平稳，脚尖勾起，起腿至膝，上下相随。

图5-3-57　　　图5-3-57背面

43. 顺水推舟

动作说明：上动不停，右脚向前落地，成右半四平马；两手顺势以逆时针方向向上划圈，至胸前时两手成掌向前推出；目视前方。（图5-3-58）

要点：上步迅捷，上下相随，两手平肩，力达掌根。

图5-3-58

44. 双刀劈竹

动作说明：下盘不变；两掌由胸前往左后方下劈，两掌分别立于左腿两侧；目视两掌。（图5-3-59）

要点：以腰带身，下拉有力，力达掌根，沉腰坐胯。

图5-3-59　　　　图5-3-59正面

图5-3-60

45. 猛虎推山

动作说明：下盘不变；两掌由后向前推出，立掌于胸前；目视前方。（图5-3-60）

要点：以腰带身，两掌平推，力达掌根，两手平肩。

46. 双鹤争峰

动作说明：下盘不变；两手在胸前交互，右手上左手下，成鹤翼手，立于胸前；目视前方。（图5-3-61）

要点：左右交互，力达腕根，两手平肩，重心平稳。

图5-3-61

47. 银猴藏身

动作说明：下盘不变；两手收回，贴于胸腹部，手臂夹紧，随即两掌催劲，向前上方托出，力达掌根；目视前方。（图5-3-62、图5-3-63）

要点：以腰带身，以气催力，力达掌根，两手平肩。

图5-3-62

图5-3-63

48. 达摩献礼

动作说明：右脚往后撤步，左脚往左前方迈出，成左半四平马；两手顺势收回腰部，随即右拳左掌向前做拱手礼，左掌根立掌，掌根压在右拳食、中指缝间，力要催出；目视前方。（图5-3-64、图5-3-65）

要点：重心平稳，沉腰坐胯，拳掌有力，三尖一线。

图5-3-64

图5-3-65

49. 金鸡归窝

动作说明：右脚后撤半步成左吊马；两手由胸前下压至腹前左右两侧；目视前方。（图5-3-66）

要点：重心后坐，两手指尖相对，力达掌心。

图5-3-66

图5-3-67

50. 收势

动作说明：左脚回收，双腿站起；两手收于双腿侧；目视前方。（图5-3-67）

要点：正身安定，气沉丹田，侧身而立，气定神闲。

（温州南拳三路拳演练示范者：周建平）

第六章　温州南拳器械套路

温州南拳器械技法繁多，风格独特，突显了南派武术的特点。本章选取流传广泛、特色鲜明及具有区域特点的短棒、长棒和板凳花三种特色器械套路，分别展现三种不同风格的传统南拳器械特征。

第一节　短棒

中国传统棍法分为南北两派，南派棍的材质较硬且粗壮。在温州民间"棍"又俗称为"棒"或"柴"，具有鲜明的南方地域武术特色。此器械技法风格特点：步法稳健，刚劲有力，注重吞吐，节奏分明，讲究实用，以单头夹双头使用，强调腰马功架，少换把翻腾，少跳跃花法，动作范围小，攻防意识较强。

1. 预备势

动作说明：右脚在前，左脚在后，两脚间距与肩同宽，身体侧身站立，挺胸收腹；两手臂伸直，右手掌心朝下；左手握棒立于体侧；目视前方。（图6-1-1）

要点：双肩自然放松，身体重心在两腿之间。

图6-1-1

2. 拉弓射箭

动作说明：先起右脚，成四平马步姿势站立；左手举掌；右手握棒收于腰间。（图6-1-2）

右手握棒冲拳；左手变拳收于腰间；目视前方。（图6-1-3）

要点：重心下沉，身体平稳，动作连贯。

图6-1-2　　　　图6-1-3

3. 玄帝执鞭

动作说明：右脚上前一步成虚步；两手握棒向前刺棒，右手在前，左手在后；目视棒头。（图6-1-4）

要点：身体重心下沉，左右手动作连贯。

图6-1-4

4. 将中出剑

动作说明：右脚上步成箭头马步；手握棒不变，收于左侧腰间，向前戳棒；目视前方。（图6-1-5）

要点：身体重心下沉，左右手动作连贯。

图6-1-5

5. 黄龙缠身

动作说明：手握棒不变，右侧棒花，后收右脚，虚步劈棒；目视棒头。（图6-1-6）

要点：动作连贯，身体重心后坐。

图6-1-6

图6-1-7

6. 将中出剑

动作说明：右脚上步成箭头马步；手握棒不变，收于左侧腰间，向前戳棒；目视前方。（图6-1-7）

要点：身体重心下沉，左右手动作连贯。

7. 左狂风扫叶

动作说明：下盘步法不动；棒引向左肩，向左横扫棒；目视前方。（图6-1-8）

要点：身体重心下沉，左右手动作连贯。

图6-1-8

8. 右狂风扫叶

动作说明：下盘步法不动；向右扫棒；目视棒头。（图6-1-9）

要点：身体重心下沉，左右手动作连贯。

图6-1-9

图6-1-10

9. 拨草惊蛇

动作说明：向左转体，左右脚依次退步，成马步；随转体向左下打棒；目视前方。（图6-1-10）

要点：身体重心下沉，动作连贯。

10. 侧步挑棒

动作说明：双脚交叉向右斜前方移步，马步落位；两手直臂向右侧挑棒；目视棒头。（图6-1-11）

要点：身体重心下沉，动作连贯。

图6-1-11

11. 调步扫叶

动作说明：手握棒不变，双脚跳换步，左脚在前，落位马步；棒收右肩下，向左侧横扫棒；目视棒头。（图6-1-12）

要点：身体重心下沉，动作连贯。

图6-1-12

图6-1-13

图6-1-13正面

12. 侧身挑棒

动作说明：下盘马步不动；手握棒不变，转腰直臂，棒挑右侧；目视棒头。（图6-1-13）

要点：身体重心下沉，动作连贯。

13. 翻身落地

动作说明：先起左腿，身体向左转身跃起，右腿跪地落棒，棒达地面；目视前方。（图6-1-14）

要点：步法调换自然，动作连贯。

图6-1-14

14. 进步出剑

动作说明：仆步起身；右侧棒花，虚步收棒，马步前戳；目视棒头。（图6-1-15）

要点：身体重心下沉，左右手动作连贯。

图6-1-15

15. 左右门闩

动作说明：下盘马步不动；两手握棒向右、向左戳棒。（图6-1-16、图6-1-17）

要点：身体重心平稳，动作自然连贯。

图6-1-16　　　　　　　图6-1-17

16. 上挡下押

动作说明：下盘马步不动；两手握棒上挡、下押棒；目视棒身。（图6-1-18、图6-1-19）

要点：身体重心平稳，动作自然连贯。

图6-1-18

图6-1-19

17. 左狂风扫叶

动作说明：右脚向前上步；手握棒不变，将棒引向右肩，向左扫棒；目视前方。（图6-1-20）

要点：身体重心下沉，左右手动作连贯。

图6-1-20

18. 转身狂风扫叶

动作说明：手握棒不变，身体向右转身，头上转棒，马步右扫棒，目视棒头。（图6-1-21）

要点：身体重心下沉，左右手动作连贯。

图6-1-21　　图6-1-21正面

19. 猴子背棒

动作说明：下盘不动；左手立掌前推，右手握棒后背。（图6-1-22）

要点：身体重心平稳，动作自然连贯。

图6-1-22　　图6-1-22正面

20. 将中出剑

动作说明：右脚上步成箭头马步；左右手握棒，收于左侧腰间，向前戳棒；目视棒头。（图6-1-23）

要点：身体重心下沉，左右手动作连贯。

图6-1-23　　图6-1-23正面

21. 黄龙缠身

动作说明：右脚上前一步成虚步；两手握棒向前刺棒；目视棒头。（图6-1-24）

要点：动作连贯，身体重心后坐。

图6-1-24　　　　图6-1-24正面

22. 将中出剑

动作说明：右脚上步成箭头马步；手握棒不变，收于左侧腰间，向前戳棒；目视棒头。（图6-1-25）

要点：身体重心下沉，左右手动作连贯。

图6-1-25　　　　图6-1-25正面

23. 左狂风扫叶

动作说明：下盘步法不动，手握棒不变，将棒引向右肩，向左横扫棒；目视右前方。（图6-1-26）

要点：身体重心下沉，左右手动作连贯。

图6-1-26

图6-1-26正面

24. 右狂风扫叶

动作说明：下盘步法不动；手握棒不变，向右扫棒；目视前方。（图6-1-27）

要点：身体重心下沉，左右手动作连贯。

图6-1-27　　　　图6-1-27正面

25. 拨草惊蛇

动作说明：先移动左脚，马步落位；左侧头上转棒，落棒下打；目视右前方。（图6-1-28）

要点：身体重心下沉，动作连贯。

图6-1-28　　　　图6-1-28正面

26. 侧步挑棒

动作说明：双脚交叉向右斜前方移步，马步落位；两手直臂，右侧挑棒；目视棒头。（图6-1-29）

要点：身体重心下沉，动作连贯。

图6-1-29　　　　图6-1-29正面

27. 调步扫叶

动作说明：双脚跳换步，落位马步，左脚在前；手握棒不变，收于右肩处，再向左侧横扫棒；目视前方。（图6-1-30）

要点：身体重心下沉，动作连贯。

图6-1-30

图6-1-31

28. 侧身挑棒

动作说明：下盘马步不动；转腰直臂，棒挑右侧；目视棒头。（图6-1-31）

要点：身体重心下沉，动作连贯。

29. 翻身落地

动作说明：先起左腿，身体向左转身跃起，右腿跪地落棒，棒达地面；目视棒身。（图6-1-32）

要点：步法调换自然，动作连贯。

图6-1-32

30. 进步出剑

动作说明：起身；右侧棒花，虚步收棒，马步前戳；目视棒头。（图6-1-33）

要点：身体重心下沉，左右手动作连贯。

图6-1-33　　　　图6-1-33正面

31. 左右门闩

动作说明：下盘马步不动；两手握棒不变向右、向左戳棒。（图6-1-34、图6-1-35）

要点：身体重心平稳，动作自然连贯。

图6-1-34　　　　图6-1-35

32. 上挡下押

动作说明：下盘马步不动；两手握棒上挡、下押棒；目视棒身。（图6-1-36、图6-1-37）

要求：身体重心平衡，动作自然连贯。

图6-1-36

图6-1-37

33. 左狂风扫叶

动作说明：右脚向前上步；将棒引向右肩，向左扫棒；目视棒头。（图6-1-38）

要点：身体重心下沉，左右手动作连贯。

图6-1-38

图6-1-38正同

34. 转身狂风扫叶

动作说明：身体向右转身；手握棒不变，头上转棒，马步右扫棒；目视棒头。（图6-1-39）

要点：身体重心下沉，左右手动作连贯。

图6-1-39

图6-1-40

35. 猴子背棒

动作说明：下盘不动；左手立掌前推；右手握棒后背。（图6-1-40）

要点：身体重心平稳，动作自然连贯。

36. 将中出剑

动作说明：右脚上步成箭头马步；左右手握棒，收于左侧腰间，再向前戳棒；目视棒头。（图6-1-41）

要点：身体重心下沉，左右手动作连贯。

图6-1-41

37. 黄龙缠身

动作说明：手握棒不变，右侧棒花，后收右脚，虚步劈棒；目视前方。（图6-1-42）

要点：动作连贯，身体重心后坐。

图6-1-42

38. 将中出剑

动作说明：右脚上步成箭头马步；棒收于左侧腰间，再向前戳棒；目视棒头。（图6-1-43）

要点：身体重心下沉，左右手动作连贯。

图6-1-43

39. 后珠挑棒

动作说明：下盘不动；两手握棒，向上挑棒至肩上，左手在前，右手在后；目视前方。（图6-1-44）

要点：马步平稳，左右手动作连贯。

图6-1-44

40. 马步劈棒

动作说明： 下盘不动；两手握棒，向前刺棒，力达棒头；目视前方。（图6-1-45）

要点： 马步平稳，左右手动作连贯。

图6-1-45

41. 后跳落地

动作说明： 左脚收腿，退步跳跃，右腿跪地落棒，棒达地面；目视前方。（图6-1-46）

要点： 步法调换自然，动作连贯。

图6-1-46

42. 马步挑棒

动作说明： 起身，两腿屈膝成右箭头马步；棒收于左侧腰间，力达棒梢；目视前方。（图6-1-47）

要点： 重心下沉，左右手动作连贯。

图6-1-47

43. 达摩见礼

动作说明：马步站立；左拳右掌，两手握棒前推；目视前方。（图6-1-48）

要点：重心下沉，左右手动作连贯。

图6-1-48

图6-1-49

44. 千斤闸门

动作说明：马步站立；两手变拳，向下压棒；静心吐气；目视前方。（图6-1-49）

要点：重心下沉，动作连贯。

45. 收势

动作说明：右脚后退一步，左脚并向右脚成并步站立；左手握棒，左臂屈肘，棒身竖直于身体左侧；右手下按置于右体侧；目视前方。（图6-1-50）

要点：身体自然平稳，恢复还原姿势。

图6-1-50

（短棒演练示范者：胡松青）

第二节　长棒

温州传统长棒，民间俗称"丈二棒"，为南方武术的独特器械，广泛流传于温州沿海一带，与沿海地区渔民劳作有着密切的联系。在历史长河发展过程中，长棒在沿海地区的抗倭防卫、保家卫国中发挥着积极的作用。此器械风格特点：主要有刺、挑、压等技术动作，注重手部力量和上肢动作协调配合，步法稳健，动作简单，实战性强。

1. 预备势

动作说明：两脚开立，间距与肩同宽；右手握棒竖立于身体右侧，左手放于身体左侧；目视前方。（图6-2-1）

要点：身体自然放松，双脚平稳站立。

2. 开门敬礼

动作说明：左脚上前一步，右脚上前跟步；右手握棒竖立，左掌盖住右拳立于胸前；目视前方。（图6-2-2）

要点：身体自然放松，双脚立正站立。

图6-2-1　　　　图6-2-2

3. 侧身站立

动作说明：右脚在前，侧身站立，挺胸收腹；右手握棒，左手握棒收于腰间；目视前方。（图6-2-3）

要点：两肩自然放松，侧身平稳站立。

图6-2-3

图6-2-4

4. 目视棒头

动作说明：右侧身不变，左脚后退一步成弓箭马步；右手向下用力压棒；左手握棒收于腰间；目视棒头。（图6-2-4）

要点：身体重心下沉，握棒蓄劲有力。

5. 开打大门

动作说明：右侧身不变，右脚回收半步，脚尖着地成虚步；右手伸直，收棒于腹前；目视前方。（图6-2-5）

要点：身体重心下沉，握棒蓄力。

图6-2-5

6. 进步出剑

动作说明：右脚上前一步；两手握棒向前戳棒；目视棒头。（图6-2-6）

要点：身体重心下沉，用力出棒。

图6-2-6

7. 连进三门（连做三次）

动作说明：侧身弓箭马步不变；两手握棒向左下落棒，再向右上提棒。（图6-2-7、图6-2-8）

向左下用力压棒，再右脚震脚上前一步，左脚跟上一步，两手握棒用力向前戳棒；目视棒头。（图6-2-9）

要点：身体重心下沉，两手用力出棒。

图6-2-7　　　图6-2-8　　　图6-2-9

8. 交叉上挑

动作说明：右脚后撤一步成交叉步；两手握棒上挑；目视前方。（图6-2-10）

要点：身体重心下沉，两手用力紧握棒。

图6-2-10

9. 退身压棒

动作说明：左脚退后一步成侧身弓箭马步站立；两手握棒向下用力压棒；目视棒头。（图6-2-11）

要点：身体重心下沉，两手用力紧握棒。

10. 边门上挑

动作说明：左右脚先后向前上步，成右弓箭马步；两手用力向前挑棒；目视棒头。（图6-2-12）

要点：身体重心下沉，两手用力紧握棒。

图6-2-11

图6-2-12

11. 田头拨水

动作说明：侧身弓箭马步站立；两手握棒向左做棒花，再两手横推直棒；目视棒头。（图6-2-13~图6-2-15）

要点：身体重心下沉，两手用力紧握棒。

图6-2-13

图6-2-14

图6-2-15

12. 右挑阴门

动作说明：弓箭马步站立，上身不变，两手握棒环绕拨棒。（图6-2-16）

左右脚先后向前上步；右手向上挑棒，左手用力向下压棒；目视前方。（图6-2-17）

要点：身体重心下沉，两手用力握棒。

图6-2-16

图6-2-17

图6-2-18

13. 进步出剑

动作说明：右脚上前一步；两手握棒向前戳棒；目视棒头。（图6-2-18）

要点：身体重心下沉，用力出棒。

14. 封尾杠胯

动作说明：上肢动作不变，右脚回收半步，脚尖着地成虚步；右手伸直，将棒收回于腹前；目视前方。（图6-2-19）

要点：身体重心下沉，握棒收力。

图6-2-19

15. 目视棒头

动作说明：右侧身动作不变，成三七步站立；右手屈肘提棒；左手握棒稍收于腰间；目视棒头。（图6-2-20）

要点：身体重心下沉，两手自然握棒。

图6-2-20

16. 退步提棒

动作说明：两手提棒动作不变，右左脚依次向后退步；目视棒头。（图6-2-21）

要点：身体重心下沉，两手自然握棒。

图6-2-21

17. 落棒收势

动作说明：右侧身动作不变，右脚回收半步，脚尖着地成虚步；两手落棒横收于腹前；目视前方。（图6-2-22）

要点：身体自然平稳，握棒收力。

图6-2-22

图6-2-23

18. 收势敬礼

动作说明：左脚上前一步，成站立姿势；右手握棒竖立，左掌盖住右手拳立于胸前敬礼；目视前方。（图6-2-23）

要点：身体自然放松，还原立正姿势。

（长棒演练示范者：陈先孝）

第三节　板凳花

温州传统板凳花，民间又称"凳板花"，选取温州民间日常生活用的"木凳"作为武术器材，实用方便，深受温州民间武术拳师的喜爱。此器械演练时主要有拦、击、挡等技术动作，注重手部力量和身法的协调配合，步法稳健，攻防结合，对抗性强，具有较好的防身防卫作用。

1. 预备势

动作说明：身体站立于凳子左侧，两脚间距与肩同宽，挺胸收腹，两臂伸直，左右手掌心朝下；目视前方。（图6-3-1）

要点：双肩自然放松，身体平稳站立。

图6-3-1

图6-3-2

2. 达摩见礼

动作说明：先起右脚向凳右前侧上步，左脚再向右脚左前上步成箭头马步站立；左掌右拳做抱拳礼；目视前方。（图6-3-2）

要点：沉肩沉肘，身体重心下沉。

3. 玉女托盘

动作说明：弓箭马步不动；两掌打开，掌心向上，两肘夹紧；目视前方。（图6-3-3）

要点：沉肩沉肘，马步平稳，身体重心坐于两腿之间。

图6-3-3

图6-3-4

4. 转身托天

动作说明：向后转身，两手握于凳脚两侧位置，起凳上头。（图6-3-4）

要点：身体重心平稳，动作连贯。

5. 金鸡盘头

动作说明：左脚向后退一步，右脚在前成弓箭马步站立；两手握凳向左盘头一次落于腹前，再向右回做盘头一次落于腹前。（图6-3-5、图6-3-6）

要点：身体重心下沉，动作连贯。

图6-3-5

图6-3-6

6. 柱凳拦腰

动作说明：

（1）右脚在前成弓箭马步站立不变；两手握凳向身体右侧柱凳拦腰，左手在上，右手在下；目视前方。（图6-3-7）

（2）左脚上前一步成弓箭马步站立；两手握凳向身体左侧柱凳拦腰，右手在上，左手在下；目视前方。（图6-3-8）

（3）右脚上前一步成弓箭马步站立；两手握凳向身体右侧柱凳拦腰，左手在上，右手在下；目视前方。（图6-3-9）

要点： 身体重心下沉，动作连贯。

图6-3-7

图6-3-8

图6-3-9

7. 黑虎冲凳

动作说明：

（1）右脚在前弓箭马步站立不变；两手握凳右手在前，左手在后，凳面收于腹前。（图6-3-10）

（2）弓箭马步站立不变；右手伸直，左手屈肘，凳头向前冲凳；目视凳头。（图6-3-11）

要点： 身体重心下沉，动作连贯。

图6-3-10

图6-3-11

8. 转身托天

动作说明：身体由左向右转身；两手握凳上举于头部，在头上环绕一圈。（图6-3-12）

要点：身体重心平稳，动作连贯。

图6-3-12

9. 转向压凳

动作说明：

（1）弓箭马步不变；两手握凳向身体左侧压凳；目视下方。（图6-3-13）

（2）左脚上前一步，左脚在前成弓箭马步站立；两手握凳向身体右侧压凳；目视下方。（图6-3-14）

（3）右脚上前一步，右脚在前成弓箭马步站立；两手握凳向身体左侧压凳；目视向下。（图6-3-15）

要点：身体重心下沉，两手有力，动作连贯。

图6-3-13　　　　　　图6-3-14　　　　　　图6-3-15

10. 黑虎冲凳

动作说明：

（1）右脚在前成弓箭马步站立不变；两手握凳右手在前，左手在后，凳面收于腹前。

（2）弓箭马步站立不变；右手伸直，左手屈肘，凳头向前冲凳；目视凳头。（图6-3-16）

要点：身体重心下沉，动作连贯。

图6-3-16

图6-3-16正面

11. 转身托天

动作说明：身体向左转身，左脚向后退一步；两手握凳上头盘凳。（图6-3-17）

要点：身体重心平稳，动作连贯。

图6-3-17

12. 板虎入海

动作说明：

（1）左脚上前一步；同时两手握凳向前单头送凳；目视向前。（图6-3-18）

（2）右脚上前一步；同时两手握凳向前单头送凳；目视向前。（图6-3-19）

要点： 身体重心下沉，动作连贯。

图6-3-18

图6-3-19

13. 仆步劈凳

动作说明： 右脚在前成仆步；两手握凳落地劈凳；目视下方。（图6-3-20）

要点： 身体后坐，重心下沉。

图6-3-20

14. 黑虎冲凳

动作说明：

（1）起身，右脚在前成弓箭马步站立不变；两手握凳，右手在前，左手在后，凳面收于腹前。（图6-3-21）

（2）两脚向前上垫一步；右手伸直，左手屈肘，凳头向前冲凳；目视凳头。（图6-3-22）

要点：身体重心下沉，动作连贯。

图6-3-21

图6-3-22

15. 转身托天

动作说明：身体由左向右转身；两手握凳上举于头部，在头上环绕一圈。（图6-3-23）

要点：身体重心平稳，动作连贯。

图6-3-23

16. 跪地压凳

动作说明：

（1）右脚在前，两手举凳起身，向前跳步；目视前方。（图6-3-24）

（2）两手握凳横凳落地，左脚跪地压凳；目视下方。（图6-3-25）

要点：身体重心下沉，动作连贯。

图6-3-24

图6-3-25

17. 转身托天

动作说明：身体向左转身；两手握于凳脚两侧位置，起凳上头。（图6-3-26）

要点：身体重心平稳，动作连贯。

图6-3-26

18. 金鸡盘头

动作说明：

（1）左脚向后退一步，右脚在前成弓箭马步站立；两手握凳向左盘头一次。（图6-3-27）

（2）再向右回做盘头一次，落于腹前。（图6-3-28）

要点： 身体重心下沉，动作连贯。

图6-3-27　　　　　　　　　　图6-3-28

19. 左右护腰

动作说明：

（1）右脚在前成弓箭马步站立不变；两手握凳向左侧护腰；目视前方。（图6-3-29）

（2）弓箭马步站立不变；两手握凳向右侧护腰；目视前方。（图6-3-30）

图6-3-29　　　　　　　　　　图6-3-30

（3）左脚右脚先后依次向前上步成弓箭步；两手握凳向右侧护腰；目视前方。（图6-3-31）

（4）弓箭步站立不变；两手握凳向右侧护腰；目视前方。（图6-3-32）

要点：身体重心平稳，动作连贯。

图6-3-31　　　　　　　　　　图6-3-32

20. 黑虎冲凳

动作说明：

（1）左右脚先后向前上步，成弓箭步；凳面收于腹前两手握凳右手在前，左手在后。（图6-3-33）

（2）弓箭步站立不变；右手伸直，左手屈肘，凳头向前冲凳；目视凳头。（图6-3-34）

要点：身体重心平稳，动作连贯。

图6-3-33　　　　　　　　　　图6-3-34

21. 转身托天

动作说明：身体向右转身，左脚向后退一步；两手握凳上头盘凳。（图6-3-35）

要点：身体重心平稳，动作连贯。

图6-3-35

22. 板虎入海

动作说明：

（1）左脚上前一步；同时两手握凳向身体右侧单头送凳；目视凳头。（图6-3-36）

（2）右脚上前一步；同时两手握凳向身体左侧单头送凳；目视凳头。（图6-3-37）

图6-3-36

图6-3-37

（3）左脚上前一步；同时两手握凳向前单头送凳；目视凳头。（图6-3-38）

（4）左脚向后退一步；同时两手握凳向前单头送凳；目视凳头。（图6-3-39）

要点：身体重心下沉，动作连贯。

图6-3-38　　　　　　　　　　图6-3-39

23. 悟空划圈

动作说明：身体向左转身，右脚在前，左脚在后；右手握凳，左手顺势抓握变双手握凳，向左右两侧交替抡臂划圆。（图6-3-40~图6-3-42）

要点：身体重心平稳，动作连贯。

图6-3-40　　　　　　图6-3-41　　　　　　图6-3-42

24. 天女撒花

动作说明：腿部动作不变；两手单头握凳，举凳上头盘凳3次。（图6-3-43）

要点：身体重心平稳，动作连贯。

图6-3-43

25. 蛟龙入海

动作说明：

（1）腿部动作不变；同时两手握凳向前单头送凳；目视凳头。（图6-3-44）

（2）右脚退后一步成左脚在前站立；同时两手握凳向上单头送凳；目视凳头。（图6-3-45）

要点：身体重心下沉，动作连贯。

图6-3-44

图6-3-45

26. 转身托天

动作说明：身体向右后转身，右脚在前站立；两手举凳上头环绕一圈。（图6-3-46）

要点：身体重心下沉，动作连贯。

图6-3-46

图6-3-47

27. 盘头收势

动作说明：右脚在前成弓箭马步站立，两手握凳盘头，收势落地。（图6-3-47）

要点：身体重心下沉，动作连贯。

28. 达摩见礼

动作说明：身体向左转身，左脚在前，弓箭马步收势站立，左手掌、右手拳做抱拳礼还原收势；目视前方。（图6-3-48）

要点：沉肩沉肘，身体重心下沉。

图6-3-48

29. 收势

动作说明：左脚在前，箭头马步不动，两手同时下按位于两侧胯旁，掌心朝下；目视前方。（图6-3-49）

要点：身体挺直，马步重心平稳，身体还原。

图6-3-49

（板凳花演练示范者：冯云龙）

第七章　温州南拳对练套路

温州传统南拳对练技法，主要包括打马拳、推马、盘拳、拌棒等技法，广泛流传于温州民间，是民间拳师休闲、娱乐及习练武艺、增强功力、提高身体素质、体现武术技艺水平的重要内容。本章选取具有广泛代表性的双人拳术对练和双人南棍对练两种形式的演练套路。

第一节　徒手对练套路

温州南拳徒手对练，民间又称"温州盘拳"，是温州民间南拳习练者增强身体素质、提升武术功力、体现武术实战能力的重要内容。此技法风格特点：步法稳健、手法多变、注重身体的排打和对抗、讲究双人之间的协调与配合，有助于提高习武者的胆量和实战能力。

1. 预备势

动作说明：左为甲方，右为乙方。甲乙双方两脚开立；两掌放于身体两侧腰间；两人互视对方。（图7-1-1）

要求：双方自然站立。

图7-1-1

2. 雷公发火

动作说明：甲乙双方右脚上前一步成弓箭马步站立；甲方右拳先正冲拳；左拳收于左侧腰间。（图7-1-2）

要求：双方重心下沉，弓箭马步平稳站立。

图7-1-2

图7-1-3

3. 单手朝阳

动作说明：乙方右手提掌格挡甲方冲拳动作；左掌收于腰间；目视对方。（图7-1-3）

要求：双方步稳，重心下沉。

4. 仙人捧斗

动作说明：乙方右手握住甲方右手腕，左手抓握住甲方右手肘部；目视对方。（图7-1-4）

要求：双方步稳，重心下沉，动作协调连贯。

图7-1-4

5. 脱拷压掌

动作说明：乙方左手提掌，甲方左手掌向下格挡；双方目视手上动作。（图7-1-5）

要求：双方步稳，重心下沉，动作协调连贯。

图7-1-5

图7-1-6

6. 左拳犁头

动作说明：双方步法不变；甲方左拳向里击打，右拳收于身体右侧腰间；乙方右拳格挡甲方左侧来拳，左拳收于身体左侧腰间；目视对方。（图7-1-6）

要求：双方步稳，重心下沉，动作协调连贯。

7. 格挡冲拳

动作说明：双方步法不变；乙方右拳向里击打，左拳收于身体左侧腰间；甲方左拳向外格挡乙方左侧来拳，右拳击打乙方胸口部位；双方目视对方。（图7-1-7）

要求：双方步稳，重心下沉，动作协调连贯。

图7-1-7

8. 脱拷压掌

动作说明：甲方左拳向外格挡不变；乙方左掌向下格挡甲方右手来拳；双方目视手上动作。（图7-1-8）

要求：双方步稳，重心下沉，动作协调连贯。

图7-1-8

图7-1-9

9. 格挡冲拳

动作说明：乙方左掌向下格挡甲方右手来拳；甲方左手冲拳击打乙方胸口部位；双方目视对方。（图7-1-9）

要求：双方步稳，重心下沉，动作协调连贯。

10. 仙人击棍

动作说明：甲方左手拳击打不变，右拳收于身体右侧腰间；乙方右拳格挡甲方左手来拳，左掌收于左侧腰间；目视对方手上动作。（图7-1-10）

要求：双方步稳，重心下沉，动作协调连贯。

图7-1-10

11. 外挡套拳

动作说明：甲方右掌正劈向乙方，左拳收于腰间；乙方右拳向外屈肘格挡甲方来掌，左掌收于腰间；目视对方手上动作。（图7-1-11）

要求：双方步稳，重心下沉，动作协调连贯。

图7-1-11

图7-1-12

12. 单臂挡掌

动作说明：甲方右掌向乙方正面劈掌，左拳收于腰；乙方左掌格挡甲方正面劈掌，右掌收于腰间；目视对方手上动作。（图7-1-12）

要求：双方步稳，重心下沉，动作协调连贯。

13. 猛虎推山

动作说明：乙方右掌推向甲方胸口部位，左掌收于腰部；甲方两掌收于腰部；目视对方。（图7-1-13）

要求：双方步稳，重心下沉，动作协调连贯。

图7-1-13

14. 单手捋臂

动作说明：乙方右拳击打甲方胸口部位，左掌收于腰部；甲方上提右掌握住乙方右手来拳，左手提掌辅助；目视对方。（图7-1-14）

要求：双方步稳，重心下沉，动作协调连贯。

图7-1-14

15. 两手掤臂

动作说明：乙方右手出拳不变，左掌收于腰间；甲方右手握住乙方右手来拳，左掌扶住乙方右手肘部；目视对方。（图7-1-15）

要求：双方步稳，重心下沉，动作协调连贯。

图7-1-15

16. 脱拷压掌

动作说明：甲方右手握住乙方右拳不变，乙方左掌向下格挡甲方左手来掌；目视对方手上动作。（图7-1-16）

要求：双方步稳，重心下沉，动作协调连贯。

图7-1-16

17. 单臂挡掌

动作说明：乙方左掌正劈向甲方，右掌收于腰间；甲方右掌向里格挡乙方来掌，左掌收于腰；目视对方手上动作。（图7-1-17）

要求：双方步稳，重心下沉，动作协调连贯。

图7-1-17

18. 收身压掌

图7-1-18

动作说明：乙方右拳向甲方腹部击打，左掌收于腰间；甲方左掌格挡乙方左侧来拳，右掌收于腰间；双方目视手上动作。（图7-1-18）

要求：双方步稳，重心下沉，动作协调连贯。

19. 仙人击棍

动作说明：乙方左拳向甲方胸口部位击打，右掌收于身体右侧腰间；甲方右拳格挡乙方左侧来拳，左掌收于左侧腰间；目视对方手上动作。（图7-1-19）

要求：双方步稳，重心下沉，动作协调连贯。

图7-1-19

20. 外挡格手

动作说明：乙方右掌正劈向甲方，左掌收于腰间；甲方右拳向外格挡乙方来掌，左拳收于腰间；目视对方手上动作。（图7-1-20）

要求：双方步稳，重心下沉，动作协调连贯。

图7-1-20

21. 单臂挡掌

动作说明：乙方右掌正劈向甲方，左掌收于腰间；甲方左掌向外格挡乙方来掌，右掌收于腰间；目视对方手上动作。（图7-1-21）

要求：双方步稳，重心下沉，动作协调连贯。

图7-1-21

22. 猛虎推山

动作说明：甲方右掌向乙方胸口部位推出，左掌收于腰部；乙方两掌收于腰部；目视对方。（图7-1-22）

要求：双方步稳，重心下沉，动作协调连贯。根据双方体能，可反复对练盘拳。

图7-1-22

23. 达摩见礼

动作说明：双方弓箭马步不变，两手提手左掌抱右拳敬礼；目视对方。（图7-1-23）

要求：双方重心平稳，重心下沉。

图7-1-23

24. 马步劈掌

动作说明：双方右拳变掌向身体右侧下劈掌，掌心向下，左掌收于腰部，掌心向前；目视对方。（图7-1-24）

要求：双方步稳，重心下沉。

图7-1-24

25. 退步劈掌

动作说明： 双方右脚后退一步，左掌向身体左侧下劈掌，掌心向下，右掌收于腰部，掌心向前；目视对方。（图7-1-25）

要求： 双方步稳，重心下沉。

图7-1-25

26. 收势

动作说明： 双方左脚回收一步成立正姿势，两掌变拳收于身体两侧；目视对方。（图7-1-26）

要求： 身体自然站立。

图7-1-26

（双人徒手对练演练示范者：木权通与黄加俊）

第二节　器械对练套路

温州南拳器械对练，主要由双人南棍对练，民间又俗称"温州拌棒"，是温州民间南拳习练者增强身体素质，提升武术器械功力，体现武术器械实战能力的重要内容。此套路风格特点：步法稳健，器械技法多变，注重双人之间的协调与配合，有助于提高习武者的胆量和实战能力。（在实际对练中方位可灵活掌握）

1. 预备势

动作说明：左为甲方，右为乙方。甲乙双方身体自然站立，两脚与肩同宽分开；左手握棒竖立于身体左侧；目视前方。（图7-2-1）

要点：自然站立。

图7-2-1

图7-2-2

2. 竹筒倒水

动作说明：双方右脚上前一步，两腿成弓箭马步站立；两手将棒置于胸前，如同竹筒倒水。（图7-2-2）

要点：双方重心下沉，弓箭马步平稳站立。

3. 双龙交汇

动作说明：乙方向甲方腿部横扫出棒，甲方顺势向下格挡乙方来棒，双方棒头相交；目视棒头。（图7-2-3）

要点：双方步稳，重心下沉，动作协调连贯。

图7-2-3

4. 狂风扫地

动作说明：乙方继续出棒，攻击甲方腿部，甲方顺势向乙方砸棒，双方棒头相交；目视棒头。（图7-2-4）

要点：双方步稳，重心下沉，动作协调连贯。

图7-2-4

5. 海底起狂风（上步抽柴）

动作说明：乙方再次出棒，攻击甲方头部，甲方顺势向上挡棒，双方棒头相交；目视棒头。（图7-2-5）

要点：双方步稳，重心下沉，动作协调连贯。

图7-2-5

6. 将军顶千斤

动作说明：乙方举棒自上往下砸向甲方，右手伸直在上，左手屈肘在下；甲方两手持棒高举横向身前阻挡来棒。（图7-2-6）

要点：双方重心下沉，动作连贯协调。

图7-2-6

7. 蛟龙出海

动作说明：甲方向乙方腿部横扫出棒，乙方顺势向下格挡甲方来棒，双方棒头相交；目视棒头。（图7-2-7）

要点：双方步稳，重心下沉，动作协调连贯。

图7-2-7

8. 大刀斩猛虎

动作说明：甲方继续出棒，攻击乙方腿部，乙方顺势向甲方砸棒，双方棒头相交；目视棒头。（图7-2-8）

要点：双方步稳，重心下沉，动作协调连贯。

图7-2-8

9. 上步抽柴

动作说明：甲方再次出棒，攻击乙方头部，乙方顺势向上挡棒，双方棒头相交；目视棒头。（图7-2-9）

要点：双方步稳，重心下沉，动作协调连贯。

图7-2-9

10. 雷公闪电斩柴

动作说明：甲方举棒自上往下砸向乙方，右手伸直在上，左手屈肘在下；乙方两手持棒举高横向身前阻挡来棒。（图7-2-10）

要点：双方重心下沉，动作连贯协调。

图7-2-10

11. 竹筒倒水

动作说明：双方右脚上前一步，两腿成弓箭马步站立；两手将棒置于胸前，如同竹筒倒水。（图7-2-11）

要点：双方重心下沉，弓箭马步平稳站立。

图7-2-11

12. 虚步收势

动作说明：双方右手沿逆时针方向自下往上将棒头指向对方，左手自上往下放于腰间，右脚收回成虚步站立；目视对方。（图7-2-12）

要点：双方身体平稳，重心后坐。

图7-2-12

13. 英雄献礼

动作说明：双方左手拿住棒中间位置，右手掌心朝上，上臂前臂于腰侧成90°自然摊开；目视对方。（图7-2-13）

要点：双方身体平稳，重心后坐。

图7-2-13

14. 收势站立

动作说明：双方右脚自然收回站立，左手持棒与右手同时自然下垂放于身体两侧；目视对方。（图7-2-14）

要点：双方身体平稳，收势站立。

图7-2-14

（器械对练套路演练示范者：木权通与黄加俊）

第八章　温州南拳拆招与实战

　　招，通常是指武术打斗中的单一技法。拆招，即指在两人或多人打斗中，将对方的进攻动作进行有效防守或反击，如躲闪、阻截、截击、化引等，均属于此。踢、打、摔、拿是套路演练中攻防技术的主要技击特点，武术套路中的一拳一腿、一翻一跌及各种擒法，无不是由踢、打、摔、拿组成。"踢"是指包括蹬、踹、摆、勾、扫、踩等脚或腿的用法。"打"主要是运用上肢"手、肘、肩、臂"各部位的技击方法。"摔"有时又称掷、跌、扔，就是将对方掷出放远或跌身倒地。"拿"指擒拿，即反筋背骨，将对方擒住。

　　本章根据踢、打、摔、拿四种技击特点，对温州南拳进行归类拆招详解。

　　本章中的示范者，穿黑衣服的为甲方，穿白衣服的为乙方。

第一节　踢法

1. 铲踢

　　动作说明：甲乙双方均右脚在前站立。甲方右拳击乙方头部。乙方身体向左侧闪，右手垂肘竖前臂向外格挡来拳，顺势翻腕抓握甲方腕关节，左脚勾起，铲踢甲方右支撑腿，同时左手反拦甲方胸部，令其后倒。（图8-1-1~图8-1-3）

图8-1-1

图8-1-2　　　　　　　　　　　　　图8-1-3

2. 勾踢腿

动作说明：甲乙双方均右脚在前站立。甲方右冲拳击打乙方胸部。乙方身体略向左偏闪，右手向外格挡来拳，同时反腕擒抓来手，右脚尖勾紧，趁右手向下牵拉之势向左上刮勾对方右脚，左手同时切压甲方右前臂，令对方失去重心。（图8-1-4~图8-1-7）

图8-1-4　　　　　　　　　　　　　图8-1-5

图8-1-6　　　　　　　　　　　　　图8-1-7

3. 蹬腿

动作说明：甲乙双方均右脚在前站立。甲方右拳击打乙方面部。乙方身体微向右转，竖左前臂将来拳格于体外，不待甲方收手，用左手接握其腕关节，同时用右脚端蹬其小腹部。（图8-1-8、图8-1-9）

图8-1-8　　　　　　　　　　　　　图8-1-9

4. 擒手蹬踢

动作说明：甲乙双方均右脚在前站立。甲方前扑抱乙方腰部。乙方重心下降收前脚，两手向下按抓来手，提前腿蹬击对方心窝。（图8-1-10~图8-1-12）

图8-1-10

图8-1-11

图8-1-12

5. 擒腕弹踢

动作说明：甲乙双方均右脚在前站立。甲方两手前伸抓握乙方的腰部。乙方两手由上往下按抓来手，擒腕内旋，同时以右脚蹬踏甲方心窝，甲方挣脱手后逃，乙方用双飞腿的动作左脚撩裆，右脚蹬地飞起，于空中飞腿弹踢甲方咽喉，重创甲方。（图8-1-13~图8-1-18）

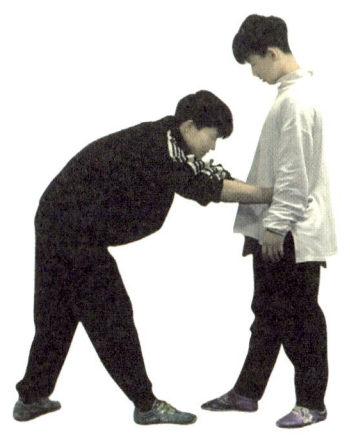
图8-1-13

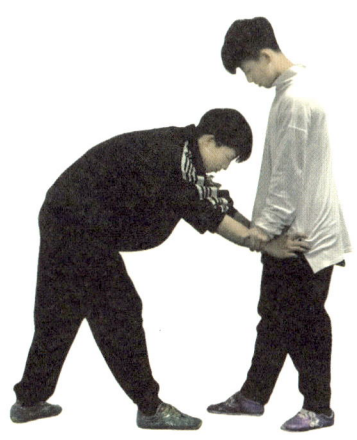
图8-1-14

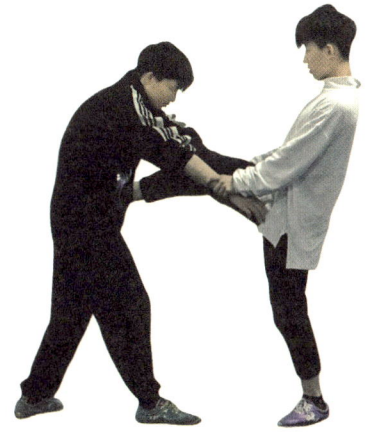
图8-1-15

图8-1-16

图 8-1-17

图 8-1-18

第二节 打法

1. 戳掌

动作说明：甲乙双方均右脚在前站立。甲方两掌砍乙颈部，乙方两掌向外屈肘上插外分，将甲方两掌格于体外，随即两臂内旋掌指向前戳击甲方的胸部。（图8-2-1~图8-2-3）

图 8-2-1

图 8-2-2

图 8-2-3

2. 肘击压

动作说明：甲乙双方均右脚在前站立。甲方右拳击打乙方头部。乙方身体向左侧闪，右手屈肘竖前臂向外格挡来拳，顺势翻腕抓握甲方腕关节，提左肘身体迅速向右拧转，以肘关节击打甲方的上臂，随身体拧转前俯下压，左脚反挂甲方右脚，左膝着地，令甲方倒地被擒。（图8-2-4~图8-2-6）

图8-2-4

图8-2-5

图8-2-6

3. 上勾拳

动作说明：甲乙双方均右脚在前站立。甲方右直拳击打乙方的胸口，乙方左手外挂甲方右拳。甲方左直拳击打乙方的胸口，乙方右手下按甲方左臂，左手再内旋向下接按甲方左拳，右拳外旋由前臂上方穿出，击打甲方下颌。（图8-2-7~图8-2-10）

图8-2-7

图8-2-8

图8-2-9

图8-2-10

4. 挑肘

动作说明：甲乙双方均右脚在前站立。甲方右拳击打乙方的头部，乙方身体左侧闪，格手擒腕，左脚进步，叉腿至甲方的身后，左肘横击甲方肋骨，再左臂翻肘上击，令甲方失去重心。（图8-2-11~图8-2-13）

图8-2-11

图8-2-12

图8-2-13

5. 叉掌

动作说明：甲乙双方均右脚在前站立。甲方左拳击打乙方的胸部。乙方在即将被打到的瞬间身体向右拧转，使来拳落空，同时左叉手反击甲方左上臂内侧。（图8-2-14、图8-2-15）

图8-2-14　　　　　　　　　　　图8-2-15

6. 顶肘

动作说明：甲乙双方均右脚在前站立。乙方扑向甲方的身体。乙方用右手握拳屈肘，左手立掌，掌心顶住右拳面，借左脚蹬地之势向前顶撞甲方心窝。（图8-2-16、图8-2-17）

图8-2-16　　　　　　　　　　　图8-2-17

7. 戳手

动作说明：甲乙双方均右脚在前站立。甲方右冲拳击打乙方的腹部，乙方提右肘向下砸防来拳，随即换左手外拨，再催步上前，右手戳肋，左手戳眼，重创对方。（图8-2-18~图8-2-21）

图8-2-18

图8-2-19

图8-2-20

图8-2-21

8. 锁喉掌

动作说明：甲乙双方均右脚在前站立。甲方进步右左冲拳连击乙方胸部，乙方用左手接握右手腕，身体同时向左拧转，右臂格挡甲的左拳，上动不停，左手抓腕左后拉，右掌向前切喉，右脚上步至甲方身后反别其右腿，将对方打倒。（图8-2-22~图8-2-24）

图8-2-22

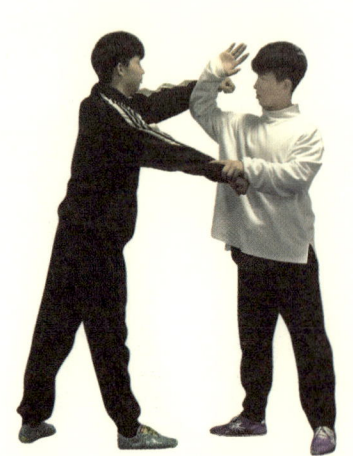

图8-2-23

图8-2-24

9. 横击肘

动作说明：甲乙双方均右脚在前站立。甲方右拳击打乙方的头部，乙方身体向左偏闪，同时用右手向外格挡并顺势牵腕后拉，右膝上顶其心窝要害，身体向左拧转，右肘横击对方面部。（图8-2-25~图8-2-28）

图8-2-25

图8-2-26

图8-2-27

图8-2-28

第三节 摔法

1. 抱腿摔

动作说明：甲乙双方均右脚在前站立。甲方右拳击打乙的头部，乙方左手上托甲腕部，身体迅速下潜，两手抓握甲方的右脚踝关节，随即两手上提，肩部前顶甲方右膝，令其失重后倒。（图8-3-1~图8-3-4）

图8-3-1

图8-3-2

图8-3-3

图8-3-4

2. 撩腿摔

动作说明： 甲乙双方均右脚在前站立。甲方冲拳击打乙方的头部，乙方右手屈肘格挡并反擒其腕后拉，左脚上步至甲方的身后，左肘反击甲方腹部，右手抓握甲方右踝关节上提，同时左手上推甲方右手，使其失去重心后倒地。（图8-3-5~图8-3-9）

图8-3-5

图8-3-6

图8-3-7

图8-3-8

图8-3-9

3. 架身摔

动作说明：甲乙双方均右脚在前站立。甲方右直拳击打乙方的胸部，乙方侧身向左拧转，用左手抓握甲方的腕部，重心下降，右手及右腿迅速插入甲方的双腿之中。左手牵腕前拉，右手后别，合力使甲方失去重心后倒。（图8-3-10~图8-3-12）

图8-3-10

图8-3-11

图8-3-12

4. 抱腰摔

动作说明：甲乙双方均右脚在前站立。甲方右冲拳击打乙方的头部，乙方右手外格，同时右脚迅速闪跨至甲方的后方，两手搂抱对方腰部，以髋带腰，身体向左后拧腰旋摔，使对方反旋失重倒地。（图8-3-13~图8-3-16）

图8-3-13

图8-3-14

图8-3-15

图8-3-16

5. 抢腿摔

动作说明： 甲乙双方均右脚在前站立。甲方右冲拳击乙方的下颌，乙方左手向内拍挡来拳，右脚进身甲方的后侧，右肘击打其右臂内侧，身体迅速向右拧转，左脚围上一步至甲方的身后。两手顺其身体向下滑至两脚踝关节处勾手后拉，肩部前撞其臀部，令甲方向前栽倒。（图8-3-17~图8-3-21）

图8-3-17

图8-3-18

图8-3-19

图8-3-20

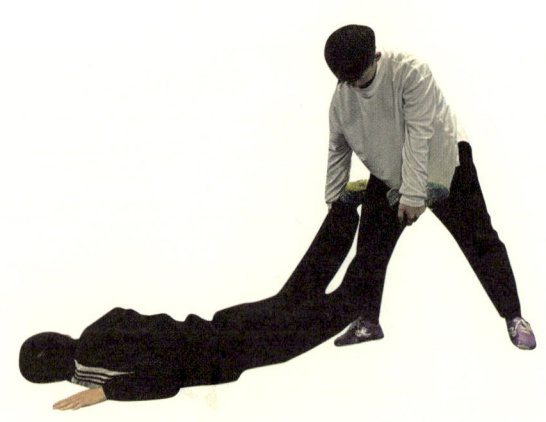
图8-3-21

6. 搂脚摔

动作说明： 甲乙双方均右脚在前站立。甲方右冲拳击打乙方的头部，乙方突然下潜进身，搂住甲方右脚，左手搂脚，右肘横击甲方腰髋部位，令甲方向后倒地。（图8-3-22~图8-3-25）

图8-3-22

图8-3-23

图8-3-24

图8-3-25

第四节　拿法

1. 上挑手

动作说明：甲乙双方均右脚在前站立。甲方右拳击乙方头部。乙方屈肘竖前臂向外格挡；甲方收右拳冲左拳击头部，乙方右手屈肘上挂防格来拳；甲方右勾拳击打乙方腹部，乙方身体迅速下沉，两手向下截压甲方的拳头，顺势抓握甲方的脚踝，起身上挑，令甲方失重倒地。（图8-4-1~图8-4-5）

图8-4-1

图8-4-2

图8-4-3

图8-4-4

图8-4-5

2. 双拧掌

动作说明：甲乙双方均右脚在前站立。甲方右冲拳击打乙方的胸部。乙方闪身右手外格挡，同时右脚插到甲方右脚后面，两掌内旋以腰带臂，沉肩压肘反控压甲方手臂，身体向左拧转，两手下压使甲方失去重心。（图8-4-6~图8-4-8）

图8-4-6

图8-4-7

图8-4-8

3. 回拉手

动作说明：甲乙双方均右脚在前站立。甲方右拳击打乙方的胸部。乙方用右手反格来拳，反腕顺势向右后牵拉，左掌向上配合采捋其臂，左脚后退一步，两手合力借身体退步拧转之势将甲方顺势牵倒。（图8-4-9~图8-4-12）

图8-4-9　　　　　　　　　　　图8-4-10

图8-4-11　　　　　　　　　　　图8-4-12

4. 擒肘

动作说明： 甲乙双方均右脚在前站立。甲方右拳击打乙方的胸部，乙方右手上格来拳，左手托住甲方的肘关节，右手擒腕下压，左手向上旋托肘关节擒住对方。（图8-4-13~图8-4-16）

图8-4-13

图8-4-14

图8-4-15

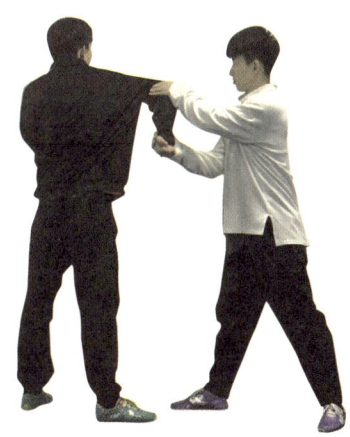

图8-4-16

5. 下按手

动作说明：甲乙双方均右脚在前站立。甲方右拳劈乙方头部，乙方用右手向上格挡来拳后反手擒握住甲方的腕部，随即右脚后退一步，身体向右拧转，右手顺其下劈之势牵手下拉，左手协同按压其肘，以全身之力猛然下降重心，直至左膝着地，迫使对方失重。（图8-4-17~图8-4-19）

图8-4-17

图8-4-18

图8-4-19

6. 托肘

动作说明：甲乙双方均右脚在前站立。甲方左冲拳击打乙方的胸口。乙方左转进身，左手格牵来拳，右手托甲方肘部，左手前牵下拉，合力使甲方因肘关节被制而向前栽倒。（图8-4-20~图8-4-23）

图8-4-20

图8-4-21

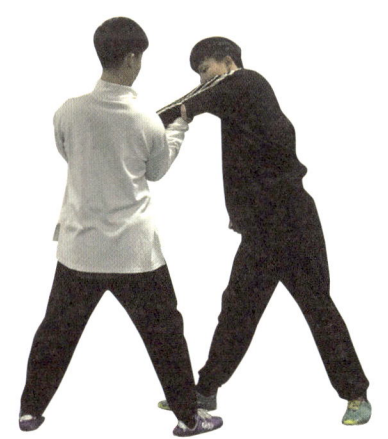

图8-4-22

图8-4-23

参考文献

[1] 蔡金明. 传统武术传播的方式与特点[J]. 体育文化导刊, 2003（6）: 35-36.

[2] 葛剑雄. 移民与文化传播——以绍兴为例[J]. 绍兴文理学院学报: 哲学社会科学, 2010, 30（4）: 1-7.

[3] 金文平. 温州南拳简志[M]. 北京: 方志出版社, 2017.

[4] 李朝旭. 打练南拳[M]. 广州: 华南理工大学出版社, 2018.

[5] 林孝铜. 中国·五基法[M]. 北京: 人民体育出版社, 2008.

[6] 马兰贞. 柔功武术[M]. 温州柔功武术编委会（内部资料）, 2011.

[7] 王晓燕, 林小美, 赵寒治, 等. 吴越文化与民族传统体育文化融合发展的对策研究——以温州南拳为研究对象[J]. 浙江体育科学, 2015, 37（6）: 106-111.

[8] 温端坚. 白鹤拳[M]. 香港: 香港四季出版社, 2013.

[9]《中国武术百科全书》编撰委员会. 中国武术百科全书[M]. 北京: 中国大百科全书出版社, 1998.

[10] 习云太. 中国武术史[M]. 北京: 人民体育出版社, 1985.

[11] 杨立平. 刚柔拳法[M]. 上海: 上海教育出版社, 2006.

[12] 张虎林. 海陵: 大唐第一盐场[N]. 泰州日报: A05版, 2015-01-12.

[13] 姜准. 岐海琐谈[M]. 上海: 上海社会科学院出版社, 2002-12.

[14] 张虎林. 海陵: 大唐第一盐场[N]. 泰州日报: A05版, 2015-01-12.

[15] 郭志禹. 中国武术史简编[M]. 北京: 人民体育出版社, 2007.

[16] 何良臣. 阵纪注释[M]. 陈秉才, 译. 北京: 解放军出版社, 1992.

[17] 郭玉成. 武术谚语辞典[M]. 北京: 人民体育出版社, 2020.

[18] 陈连君. 攻柔拳法[M]. 上海: 上海社会科学院出版社, 2004.

[19] 杨立平. 刚柔拳法总诀释义[C]. 温州南拳研究会论文集（内部资料汇编）. 温州市, 2010.

[20] 王仁恩. 浅论温州南拳鹤法[C]. 温州南拳研究会论文集（内部资料汇编）. 温州市, 2010.